「運が良くなる人」と「運が悪くなる人」の習慣

元落語家のダメダメ社員が東証一部上場の金融グループの社長になれた理由

横山信治
yokoyama nobuharu

はじめに

あなたは「運」についてどのように考えていますか。

私がここで「運」はコントロールできるものだと言ったら信じますか。

私は40歳まで「運」が悪くなる考え方と、「運」が悪くなる行動をとっていました。その結果、「運に見放される人」になりました。

そこで「運」について研究し、「運」が良くなる考え方と、「運」が良くなる行動をとるように心がけました。そして「運を引き寄せる人」になりました。

40歳までの私は、うだつの上がらないダメサラリーマンで、左遷され、出世から見放され、うつ病になり、自分の運命を嘆いている人間でした。

しかし、一念発起し「運」が良くなる術を身につけたら、所得も地位も向上し、上場会社の役員や、関連会社の社長にまで到達することができたのです。

この本は「運」について書いています。
ただし、スピリチュアルなことや非現実的なことは書いていません。
誰が読んでも合理的に納得できることしか書いていません。
運が悪かった私が、実践して効果があったものだけを書きました。

私たちがこの世の中で起こることには、すべて原因と結果があります。
一見「たまたま」のように見えても、それはあなたから見れば「たまたま」ですが、周りから見れば起こるべくして起こっている事象です。

あなたはお金持ちになりたいですか。
理想のパートナーを見つけたいですか。
ビジネスで成功したいですか。
もし、これらの願望を実現したいなら、「運を引き寄せる人」になってください。
その方法は本書に書きました。

本気で願望を実現したいなら、この本を何度も読み返し、自分に合った方法を順次実践してください。
実践するんですよ。
間違っても評論はしないでください。

この本に書いていることを実践して成功した人は、たくさんいます。
この本に書いていることを評論して、いつまでも願望達成しない人はもっとたくさんいます。

「運を引き寄せる人」は素直です。
「運に見放される人」は指摘します。

素直な人だけ、本題に進んでください。

横山 信治

○もくじ　「運が良くなる人」と「運が悪くなる人」の習慣

第2章 ▼▼▼ 運を捕まえる行動編

第3章 ▼▼▼ 運を呼び込むための自己研鑽編

第4章 運が巡ってくるコミュニケーション編

第5章 運を引き寄せる話し方・伝え方編

◯カバーデザイン　ＯＡＫ　小野光一

第1章

運が良くなる考え方 編

01

運が良くなる人は健全な欲を持ち、運が悪くなる人は欲に執着する。

「欲」という言葉にどんなイメージを持っていますか？

「貧欲」「強欲」「欲の塊」など、どれもあまり良い意味に使われません。

「『欲を捨てなさい』と仏教では教えている」というイメージをお持ちの方も多いと思います。


しかし、私たちの文化・文明・科学・芸術などあらゆるものは、欲がエネルギーとなって発展してきました。

お金持ちになりたいという欲も、日々楽しく暮らしていきたいという期待感のものであれば、「健全な欲」です。かの弘法大師、空海も『欲を持たぬは大罪である』とおっしゃっています。

一方で、お金持ちになれないという焦りや不満で日々を送るというのは、お金持ちになりたいという欲に「執着」していることになります。

両者の違いをもう少し詳しく話します。

「健全な欲」は達成を夢見ていますが、達成までの道のりも楽しんでいるのです。この場合、仮に達成しなくても十分楽しい人生になります。

「執着」は結果にばかり目がいき、達成までの道のりは苦しみしかありません。もし仮に達成しなかったら、苦しみだけが残ります。

目標の達成には、それなりの時間がかかります。「健全な欲」は、時間がかかっても、道程に楽しみを見出しているので耐えることができます。

「執着」は結果だけに目標を置いているので、長期間我慢することができません。

つまり、仏教で言うところの「欲を捨てなさい」とは、「いきすぎた欲」を諌めているのです。

「健全な欲」は期待の内にあります。「いきすぎた欲」には執着が生まれ、焦燥感の内にあります。

私は子供の頃、プロの落語家になりたいと熱望していました。

そして、願望は実現しました。小学生の私がプロの落語家に弟子入りし、上方落語協会に所属するなんて、奇跡に近い出来事です。

私は純粋に、多くの人に笑って欲しい、喜んで欲しいという思いで落語家を目指しました。期待に胸をふくらませながら、ひたすら落語家を目指したのです。

落語家になりたいという「欲」はありましたが、ここでの「欲」は、みんなに喜んで欲しいというものです。

そして願望が成熟し、当時の上方落語協会会長・六代目笑福亭松鶴の弟子になりました。

余談ですが、私のすぐ下の弟弟子が今でも大活躍中の笑福亭鶴瓶さんです。

私が落語家になってからはどうかというと、幸か不幸か、テレビやラジオの仕事が殺到しました。その結果、傲慢になってしまったのです。

もっとテレビの仕事が欲しい。冠番組が欲しい。もっと有名になりたい。このような「欲」には限りがありません。**物欲的な欲望は手に入れた瞬間から、飽きてきます。**

そして、その「欲」には、人に喜んでもらうという気持ちはなく、自分の自己顕示欲だけのものです。

私は多くの人に喜んで欲しいという健全な「欲」でスタートしました。ところが少しテレビに出るようになると、自分がもっと有名になりたいという、自分のための「欲」が生まれ、焦りが出ました。あんなに楽しかった人前で話すことにさえ、不安を覚えました。そうすると「運」は、スーッと消えてなくなってしまったのです。仕事はどんどん減っていきました。

私たちは自分の可能性に制限をかけていますが、自分で考えている以上に能力、才能があります。信じられないようなエネルギーが内包されています。

このエネルギーを爆発させるのが「欲」です。燃えるような願望を抱きチャレンジすれば、多くのことは実現します。このような欲は大いに持ってください。

皆さんも執着を捨て、健全な欲を保ちながら夢を実現してください。

01 運が良くなる人は、いやしい心を持たない！

02

運が良くなる人は意図的に笑い、運が悪くなる人は楽しいときだけ笑う。

この項では、「笑い」が自分自身に及ぼす影響についてお話しします。

人間の脳は思考に伴って感情が生まれると考えられてきましたが、逆も真なりです。悲しいから泣くのではなく、泣くから悲しくなるようです。これは最近の科学実験でも立証されています。


私がうつ病で医者に通っていたとき、医師から「横山さん。もう少し背筋を伸ばして歩いたほうが良いですよ」と注意されました。

当時の私は背中を丸めて、あたかも病人のような表情で、歩くスピードもすごく遅かったようです。そしてときどき、ため息をついていました。このような状態では、健康な人間でも病気になってしまいます。

背筋を伸ばし早足で歩くと、少しくらいの病気なら吹っ飛びます。

人間の脳は同時に二つの感情を感じることができません。

一度この本を閉じて悲しい気持ちでスキップしてみてください。

スキップは明るい感情表現です。スキップしながら暗い感情にはならないはずです。

笑うことにより、今の状況は楽しいのだと脳は認識し、多少の悩み事も軽減されます。

ですから、自発的に笑うようにしてください。笑顔は運気を高めます。


もう一つ、笑いが自分自身に及ぼす影響の話をします。

それは、笑うことにより緊張が解け、リラックス状態になることです。

リラックスと幸運。一見無関係のようですが、実は**運の良い人はリラックス状態の時間が長いのです。**

緊張状態では正しい判断ができません。緊張状態では限られたデータから判断をくだすことになります。極度の緊張状態では、判断すらくだせません。

一方、リラックス状態のときには、目の前のデータ以外にも、過去の大量のデータから判断することができます。場合によっては、過去のデータベースにないアイディアまで生まれてきます。

画期的な発明や発見は、例外なくリラックス状態のときに生まれたものです。

緊張は意識しなくても自然に訪れます。しかし、リラックスは意図的に行動しないと生まれません。

太古の昔、人間が狩りをして生活していた時代が長く続きました。お腹が空くと狩りに出ます。お腹が空くことで緊張が生まれます。緊張感が高まった状態で狩りに出て獲物を捕らえます。

そして獲物を食べると、お腹がいっぱいになりリラックスします。リラックスした状態で狩りに出ると獲物を捕らえるどころか、逆にやられてしまいます。

お腹が空く（緊張）は自然に起こります。そして獲物を獲得（リラックス）するのは行動しないと成しえません。

「笑う」という行為（リラックス）も、自発的にする必要があります。


私は毎朝、鏡の前で大声を出して笑うことを日課にしています。

この習慣をはじめた頃、会社で大きなトラブルがあったときなどは、内心「笑っている場合やないで！」と、情けなくなることもありました。

でも、笑い終わると、不思議と今悩んでいることがちっぽけなことのように思えて心が明るくなったのです。

さらに、意図的に笑うと免疫力を上げる効果もあります。

毎朝、鏡の前で笑うことは、日常において笑顔を作る練習にもなります。ぜひ一度試してください。

02 運が良くなる人は、リラックスするのがうまい！

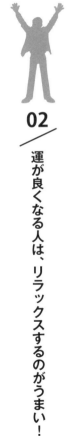

03

運が良くなる人は自分の責任と捉え、運が悪くなる人は他人や環境を恨む。

私は学生のとき、英語が苦手でした。

英語のおかげで、高校受験も大学受験も大変苦労しました。

なぜ、英語が苦手になったかというと、中学1年のときのテストの結果が原因です。最初の中間テストで私は１００点を取りました。英語が面白く、英語の勉強をよくしました。

ところが、次の期末テストは、35点という信じられない点数でした。

すべての回答にピリオド「.」とクエスチョンマーク「?」をつけるのを忘れたからです。

ここで反省し、次のテストに生かすことができれば、英語は苦手になっていなかったでしょう。

でも、私は採点した先生を恨みました。「.」「?」を忘れたぐらいで「×」をつける先生が許せなかったのです。

せめて「△」にしろよ、と自分勝手な解釈をしました。そのあとは、英語をまったく勉強しなくなりました。そして、英語が嫌いになりました。

先日、スピリチュアル作家の内野久美子さんの本を読んでいると、彼女も私と同じような経験をしたことを知りました。

英語の授業で、初歩的な質問を間違えて、先生にバカにされたのです。

内野さんは、そのときの恥ずかしさをきっかけに英語を猛勉強したそうです。

その結果、後に海外留学をはたし、英語を武器に活躍されています。

内野久美子さんも、私と同じように先生を憎むこともできました。でも、彼女は私と同じ「事象」をプラスに変えたのです。

叱られて、「なにくそー、負けるものか！」と頑張る人もいれば、ふてくされて相手を恨む人もいます。どちらを選択するのも自由です。

でも、どちらを選択するほうが得ですか。

当然、プラス思考をするほうが得に決まっています。

つまらないプライドや意地なんか捨ててしまいましょう。相手を憎んでも、結局そのつけは自分に返ってきます。

一卵性双生児の兄弟がいました。遺伝子も育った環境も同じです。

片方は路上生活者になり、もう片方は大金持ちになりました。

路上生活者になぜそのような生活をしているか質問すると、

「親父が大酒飲みだったため、自分もお酒で人生が狂った」と答えました。

もう片方の大金持ちに同じ質問をしました。

「親父が大酒飲みだったため、自分は親父みたいになりたくないと頑張った」と答えました。

運の良い人とは、良い出来事ばかり起こる人ではありません。起こった事象をプラスに変えることができる人のことを「運が良い人」と言います。

それでは、具体的にプラスに変えるとはどういうことなのか話します。

起こった事象に対し、良いこと、悪いことと判断してはいけません。

自分にふりかかったすべての事象について、自分にとって必要だから起こったと考えるのです。

何が起こっても、「自分の責任」「必要だから起こった」と考える癖をつけると、運気が上昇します。

逆に「誰々さんのせいでこんな目に遭っている」「なんで、何も悪いことをしていないのに、自分にこんなことが起こるのか」と考えると運気は下降します。

長い人生、良いことばかりではありません。

他人や環境を恨んでも、何も解決しません。何かのせいにすれば一時的には楽かもしれませんが、自分の成長を止めてしまいます。

どんなことが起こっても、「自分にとって必要だから起こった」と受け止める癖をつけましょう。この癖は将来、必ずあなたに幸せを運んできてくれます。

03

運が良くなる人は、悪いことが起きても「必要だから起こった」と考えられる！

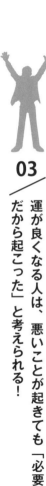

04 運が良くなる人はあまり悩まず、運が悪くなる人はかなり悩む。

あなたは今、大きな悩みがありますか。

悩み事がまったくない人はいないと思います。誰もが大なり小なり悩み事や心配事を抱えています。

大きな悩み事があれば運気を落とします。理由は視野が狭くなるからです。

悩んでいる状態は、脳が今の悩み事の解決に集中するため視野を狭めるのです。そして同じことを何度も反芻《はんすう》し、悩みのスパイラルにはまっていきます。

もう少し具体的に話すと、大きな悩みは極度の緊張状態を誘発します。運気は緊張状態で逃げていき、リラックス状態のときに引き寄せられると第02項で話しました。

「悩み」の原因は「不安」です。あらゆる悩みは不安からきています。

悩み事や、心配事に押しつぶされそうになったら、悩み事を一つずつ紙に書き出して整理してみましょう。そこから、必ず光明が見えてきます。

そして、今の悩みの量を冷静に計測してみます。頭の中だけで考えると、実際の2倍、3倍に悩みの量を見積もっていることが多々あります。

悩み事を、ひたすら紙に書き出したら、次にすることは、悩み事を「受け入れる」ことです。

すべての事象は、自分にとって必要だから起こったと考えましょう。

「受け入れる」ことができたら、今度は自分が書いた悩み事を、第三者の目で見つめましょう。改善しようとか、解決しようとするのではなく、ただ眺めるだけで構いません。

そして少し冷静に考えられるようになったら、「なぜ、こんなことが起こったのか」と考えるのではなく、「どのように、この問題に対処しようか」と考えます。

ここで、自分の力で解決できることと、どんなに努力してもどうしようもないことに分けてください。

悩んでいるときは、いろんなことがごちゃまぜになり、頭がパニックを起こしています。だから、すべての悩みを一緒にしてしまいがちです。

こんなときに、紙に書いて整理すれば、心も落ち着き冷静に判断できるようになります。

それでも解決策が見つからないときは、次の寓話を参考にしてください。

死にそうになるくらいまで悩やんでいたある国の王様が仙人を訪ね、悩みを相談しました。仙人が解決法を教えると、王様はみるみるうちに元気になり、平安に暮らしました。

ときが経ち、王様が臨終の際、息子にその秘伝の方法を記した巻物を渡しました。

そして王様が言いました。

「おまえが苦しんで、どうしようもない時期がくるまで、決して、この巻物を見てはならない。わかったか」

息子は王様の遺言を守り、巻物を開けることなく国を治めていました。

しかしある日、どうしようもなく苦しいことが起きてしまい、巻物を開けることにしました。

その巻物に書いてあったのは、たった一言。

「これも、いっとき」


良い出来事に喜んでも、その事象は「いっとき」です。

辛いことに悲しんでも、その事象は「いっとき」です。


運気を上げるためには、事象に一喜一憂することなく、人生で一番大切な「今」を大切にしようという教えです。

運気を高めるためには、どうなるかわからない事象に不安を増幅させることなく、「今」を精一杯生きていきましょう。


アメリカの統計では、不安に感じたことが実際に起こる確率は95%以下だそうです。

どんなにつらいことも「いっとき」と割り切り、今に集中することで運気が高まります。

04 運が良くなる人は、事象に一喜一憂しない！

05

運が良くなる人はあまり考えず、運が悪くなる人は深く考える。

私たちは学校で、「よく考えて行動しなさい」と教わってきました。会社においても、考えて行動することが良しとされています。しかし、運気の面では、考えすぎると「運」を逃します。なぜなら、人間は一つの物事をじっくり考えると、考えがマイナス方向へ進んでいくようにできているからです。

太古の昔、人間には天敵がたくさん存在しました。他の部族、猛獣、過酷な自然……。こうした厳しい環境下で生き延びるためには、慎重な考え方が必要です。グルメだと称して片っ端からキノコを食べていると、いずれ毒キノコにあたって死んでしまいます。冒険家だと称して未知の場所を探索すると、猛獣に食べられてしまいます。楽観的な遺伝子は生き延びることができずに消滅し、慎重な考えの持ち主のＤＮＡが引き継がれてきました。

しかし、現在においては、命を脅かすような事象に遭遇することは稀です。情報が行き届き、太古の昔とは環境が大きく違います。

考えすぎるとネガティブ思考に陥りチャンスを逃します。 しかし、考えすぎ、心配性といった傾向は多くの人にあてはまります。

例えば、メールをして返事がこないと気になりますよね。特に大切な人だとその傾向が強くなります。

相手がたまたま見落としていただけなのに、「私のことを嫌っているのではないか」とか、「先日のあの言動で怒っているのではないか」と考えてしまいます。

考えすぎて不安になっている状態は、脳が「不快」の状態です。他のことが目に入らなくなり、ポジティブな事象を見逃してしまいます。

これを回避するには、意識的にクヨクヨ考えないようにするしか方法がありません。

第04項でも述べましたが、物事の判断に迷ったときは、頭で考えすぎないで紙に書き出してください。

紙に書き出すことにより、冷静なもう一人の自分が登場し、最善策を模索してくれます。

私は今も考えすぎる傾向にありますが、若いときはもっとひどく、物事を悪いほうに考えてしまい、十二指腸潰瘍で3度も入院しました。

あとで思い返すと、常識では考えられないところまで自分を追い込んでいました。ほんの少しのミスで会社をクビになるのではないかと、思いつめたこともありました。今考えると笑ってしまいます。でも、そのときは真剣でした。

リーマンショックで会社が潰れそうになったときは、深く考えずに、「なるようにしかならない」と悩むのを保留にしたおかげで、運が味方してくれました。

もちろん問題解決に向けての努力は必要ですが、深刻に考えるのは「運」の面から得策ではありません。考えすぎると物事のマイナス面にフォーカスしてしまい、不安が生まれます。この不安が運気を落とす根源です。

あなたが緊張と不安の頂点にいるときの状況を想像してみてください。冷静に周りを観察したり、判断したりできる状態でしょうか。

さらに、リーダーが不安そうにしていると、部下はもっと不安になります。

考えすぎる傾向のある人は、一度、最悪の状態を想定してください。

私たちの日常で起こる最悪の事態はたかが知れています。大半が命まで取られることはないでしょう。最悪の事態を想像すれば、それ以上に悪いことは起こりませんから、逆に安心します。

運の良い人と話してわかったことですが、皆、昔はクヨクヨ考えていた時代があったそうです。**経験と学習で考えすぎる性格から脱却したのです。**

物事を俯瞰して冷静に判断することにより、運気が高まります。

05 運が良くなる人は、考えすぎない！

06
運が良くなる人はうまくいかないときに動かず、運が悪くなる人はなんとかしようと動く。

「運」には周期があります。どんな成功者でも良いときばかりではありません。

私も昔は運の周期説をあまり信じていませんでした。

しかし、実際、過去の大きな出来事を年代別に書き出してみると、みごとに12年周期で運気の上昇、下降がありました。

特に顕著に現れたのが悪い出来事の周期です。私は12年ごとに自分の人生で最も悪いことが起こっていました。人によっては10年周期の場合もあります。

あなたも一度自分の人生の年表を書いてみてください。何らかの周期があるはずです。

自分の運気の周期を知って一喜一憂しなさいと言っているのではありません。**運気の上昇基調と下降基調を知ることにより、そのときどきの行動の選択が容易になるのです。**

私は毎朝、６時ぐらいから家の近くを約１時間歩いています。土・日曜日は家から10キロほどの距離にある狭山湖まで歩きます。往復歩くのはきついので、帰りは西武球場前駅から電車で家まで帰るようにしています。

この電車の待ち時間が私の運試しです。

ローカル線なので電車の本数が１時間に３本しかありません。20分間隔です。駅での待ち時間が10分だったら「引き分け」として、10分以内に電車がくれば「勝ち」。10分以上電車を待つと「負け」とし、自分の運気のバロメーターにしています。

信じてもらえるかどうかわかりませんが、これが意外と当たります。

運気の良いときは、改札を入るとちょうど電車が出発する状態。

待ち時間１～２分。

逆に運気の良くないときは、いつも電車が出たあとに遭遇します。

この運試しを10年以上やっていますが、２カ月以上連続して、電車がすぐにくることがありますが、一番すごいときは半年間以上「勝ち」が続きました。

確率的に「勝ち」が半年も続くのは奇跡に近いかもしれません。でも、本当に続いたのです。

「勝ち」が続いているときは積極的に行動します。やること、なすことうまくいくのです。不思議ですね。ビジネスもプライベートも大当たりでした。

「悪いときには、悪いことが重なる」という諺《ことわざ》もあります。

ビジネスの現場ではあまり「運」という言葉は使いません。うまくいかなかった事象の原因を探ります。「運」が悪かったからという言い訳はご法度です。

ただし、ビジネスでも流れというものがあります。

私の経験からも流れが悪いときは、しばらく動かずにじっとするほうが良いです。時間が経過すれば、当初想定していなかった原因が見えてきます。

多くの人は、自分の間違いを認めたくないので、失敗の汚点を短期間に取り戻そうとします。目に見えない事象を無視すると、さらに失敗を重ねる結果になるのです。

運を引き寄せるには「時間軸を長く持つ」ことが重要です。

私は昔、営業本部長という立場から、管轄支店の営業成績を一日でも早く上げようと必死でした。そこで、数字が低迷する店舗の店長を入れ替えたり、レイアウトを変えたりいろいろと試したのですが、動きすぎて失敗しました。

営業成績の低迷は店長の手腕だけではありません。店舗の立地や季節要因もあります。もう少し時間軸を長く持てば、人事異動やレイアウト変更、さらに無駄な時間とコストを使う必要がなかったのです。

物事がうまくいっていないとき（運気が下降局面のとき）は、下手に動かず時間軸を長く持ち、状況を静観することが重要です。

そしてうまく回転しはじめたら（運気が上昇局面のとき）、躊躇《ちゅうちょ》なく一気に勝負をかける度量が必要です。

06 運が良くなる人は、悪いときに焦らない！

07

運が良くなる人は喜びの遊びをし、運が悪くなる人は間違いを指摘する。

あなたは『少女パレアナ』という本をご存じですか。１００年近く前にアメリカで大流行した小説です。

この本の主人公は「喜びの遊び」というゲームをします。

発端は、慰問箱から出てきた松葉杖です。

パレアナは前々からお人形を欲しがっていいのですが、何かの手違いにより、届いたのは松葉杖。落胆しているパレアナに牧師の父が、この松葉杖から喜びを見つけるゲームを勧めるのです。

するとパレアナは「松葉杖を使わなくても歩ける自分が嬉しい」などと、考えるようになりました。

パレアナは、そのあと両親をなくし、意地悪な叔母さんの家に引き取られます。

普通なら凹みそうな場面で11歳のパレアナは、必死になって喜びを見つけるゲームを続けます。

叔母は大金持ちで、家には使っていない豪華な部屋がたくさんありました。しかし、パレアナにあてがわれた部屋は屋根裏です。鏡もなければ、絵も飾っていません。

女中が同情して「かわいそうに」と言うと、パレアナはさびしそうに何の飾りもない壁を見つめました。

そして、次に出たコトバ。

「鏡がないのも嬉しいわ。鏡がなければ、ソバカスも見えませんものね」

もしパレアナが、

「お金持ちのくせに、どうして私を屋根裏なんかに」

と泣き言や、恨み節を言えばどうなっていたでしょう。叔母はますますパレアナに辛く当たったはずです。

この物語のすごいところは、感動を覚えるだけではなく、大きな教訓が含まれていることです。幸運を高める真理を教えてくれています。

『少女パレアナ』を読んで、アメリカだけではなく、日本でも多くの人が幸せを手に入れました。

どんな事象でも、解釈は複数あります。良い面もあれば、良くない面もあります。どちらを選択するかは自由です。

運を高めるためには、物事を良いほうに解釈することです。

私たちの中には長年の経験で培われた常識があります。常識を覆すのは難しいですから、最初はゲームで良いのです。むりくりでも、良いところを見つけるゲームをするのです。やがて、ゲームと現実の区別がなくなり、「喜びの遊び」が習慣となる頃には、あなたに幸運が訪れています。

パレアナは嬉しいときも当たり前だと思わず、いつも新鮮な気持ちで喜びに感謝していました。そして、辛いときはその辛い中から嬉しいことを探して「良かった」と喜ぶのです。

運の良い人は、相手の良いところを探します。そして、さりげなく良いところを相手に伝えます。

運の悪い人は、相手の間違いを探し指摘します。善意で相手の間違いを正そうとします。

そうすると、人は離れていき、運気は次第に下がっていきます。

もし、どうしても相手の間違いを指摘したくなったら、必ず本人に直接言ってください。

他人を介するとおよそ悪い方向に進みます。悪口を言ったと尾ひれがつきます。

メールでの指摘も極力控えたほうが良いでしょう。文章での指摘は顔が見えない分、表現がきつくなり、誤解される恐れがあるからです。

加えて、感情的になっているときは指摘してはいけません。人間は感情的になると相手の一番傷つく言葉を発しやすくなります。

相手の傷つく言葉を放った瞬間から、相手は死ぬまであなたの言葉を反芻します。そのあと、友好的な関係が続いていても、一度傷つける言葉を放てば相手の記憶に深く残ります。

指摘そのものは、あくまでケースバイケースなので、状況に応じて行うのは構いませんが、日常のどうでも良いようなことを指摘して運気を落とす行為だけは避けてください。

07 運が良くなる人は、どんなことでも良いところを探そうとする！

08

運が良くなる人は占いを参考にし、運が悪くなる人は占いに忠実になる。

あなたは占いを信じるほうですか。

「運」と「占い」は親和性が高いかもしれません。

私の元上司であるＳＢＩホールディングスの北尾吉孝社長も、かなり深く易学を勉強されています。

毎年年始の年賀式でもグループ社員２０００人の前で、その年の干支（十二支と十干）から年相を占うことを自ら掲げ、毎年表明しています。私自身、あまりにもよく当たるので驚いていました。

運の良い人は、ゲンを担ぐことも多いです。占いなども信じたりします。

大会社の経営者や大物政治家でも占いを参考にする人は多いです。

ただし、ポイントは「参考に」です。

私たちは日々、結果がわからない事象の決断をしなければいけません。迷いは運気を落とします。**ゲン担ぎや占いで迷いを減らせるなら、それは運気を高める方法でもあります。**

以前、私はイメージコンサルタントの方にアドバイスを受けたのですが、私のラッキーカラーはパープルだそうです。逆に茶色は良くないようです。

そのときは話半分で聞いていましたが、後日、新調の茶色のスーツを会社に着て行くと、滅多に起こらないトラブルが立て続けに2件も発生しました。まさか茶色のスーツのせいではないと思いましたが、そのあと着る機会がなくなりました。

しかし、**運の良い人も、占いやゲン担ぎを全面的に信じているわけではありません。**

テレビで毎朝、星座占いをやっています。星座は12個あります。干支占いも12個あります。学校のクラスは大半が同じ年です。同じ干支のクラスメイトが全員幸運の日なんてないようにも思います。

私の知人で占い好きのAさんは、タロットで悪いカードが出ると、その日は外出を控えます。良い日でも出かける方角が悪いとやめてしまいます。

彼女の言い分は、タロット占いのおかげで大きなケガもしなければ、人に騙されたこともないとのことです。

しかし、私はどうしても、彼女が運が良い人とは思えないのです。友達との約束もタロットの結果でドタキャンしたりするので、あまり誘われなくなりました。

もちろん、本人が幸せならそれで良いのですが、著しく行動を制限する占いや、ゲン担ぎはやめたほうが良いのではないでしょうか。


別のある知人は、適度に占いを信じ、ゲンの良いものをたくさん身につけています。

カエルの小物が幸運を運ぶと誰かから聞いたときは、大量にカエルの小物を購入し、みんなにその小物をプレゼントしたのです。

「このカエルは幸運を運んでくれるんやから」と大声で笑う姿を見ると、本当に運が良くなりそうな気がします。

私もいただき、カバンの内側のファスナーに括《くく》りつけています。

「良いことが起きると」信じることで幸運に遭遇します。ゲン担ぎや占いが手助けになるのなら大いに活用すべきです。ただし、行動を制限しすぎるのは行きすぎです。

08

運が良くなる人は、良い結果が出た占いだけを信じる!

占いで幸運を手にする人と、運を手放す人の違いは「依存」しているか否かです。

「依存」とは、言い換えれば責任を放棄することです。占いに依存することによって責任をとろうとしなくなります。

運気の面では責任をとれる人が良くなり、責任から逃げる人は悪くなっていきます。そして、依存体質になると不思議と占いも当たらなくなるのです。

占いは、参考にするのは有益ですが、依存すると抜け出せなくなるので注意してください。

09

運が良くなる人は自分で決め、運が悪くなる人は他人に決めてもらう。

あなたは意志が強いほうですか。一度決めたら最後までやり遂げることができますか。運の良い人に共通するのは「意志」が強いことです。強靭な意志力で誘惑に負けず、自分の夢をどんどん叶えていきます。

一方、**意志の弱い人は運気が下がります。なぜなら、優柔不断だと、悪意や悪い誘惑に負けてしまいやすいからです。**すると災難を引き寄せてしまいます。

私も含め多くの人は、自分は意志が弱いと嘆いているのではないでしょうか。強運を得るために正しく行動し、悪い誘惑を跳ね返す「意志力」の高め方をお話しします。

オールバニー大学のマーク・ミュレイヴン教授は次のような実験をしました。学生を部屋に集め、目の前に焼きたてのあたたかいクッキーを置き、それを無視するように指示したのです。

半分の学生には「このクッキーを食べないようにお願いします」と丁寧に話し、「この実験の目的は誘惑に抵抗する力を測定することです」と説明しました。

そして「時間を割いてくれたことに感謝します。この実験方法を向上させるための提案や考えがあれば、ぜひ教えてください。この実験をできるだけ良いものにするために、皆さんに助けて欲しいのです」と被験者に、伝えました。

もう半分の学生には「このクッキーを食べないでください」と目的も説明することなく指示します。被験者に感謝することもなく、反応に興味も示しません。

子供ではありませんから、もちろん、どちらのグループも5分間、誘惑に屈してクッキーを食べた人は一人もいませんでした。

ただし、実験はこれで終わりではありません。

そのあと、被験者にコンピューターのモニターを見て、意志力を測定します。数字の「6」のあとに「4」が出たらスペースキーを押すように指示しました。一つの数字の表示時間は0・5秒です。

12分間のテスト中、前者のグループは非常に成績が良く、12分間集中力は途切れることがありませんでした。

ところが、後者の目的も告げられなかったグループの成績は散々でした。「疲れて集中できない」と口を揃えて言いました。

この実験で二つのことがわかります。意志力を保持するのに必要な要因は、

① 自分でコントロールできること（自分で選んだこと）

② 人に感謝されること

です。

会社でも上司は部下に強制するのではなく、仕事を任せて責任感を持たせ、自主的に行動してもらえば、パフォーマンスがはるかに向上します。

どんな小さなことでも構いませんので、部下に決定権を与えてください。

物事を自分で決めているという感覚を持つことで、集中力が高まり、ミスも減ります。

スターバックスは、従業員に「決定権を持っていると感じさせること」で離職率が下がり、顧客満足度は上昇しました。収益は年間12億ドルも増加しました。

もし皆さんが、私の仕事は決まっていて、自分には決定権がないと感じているのであれ

ば、仕事を工夫し決定権を自分で作れば良いのです。

営業の目標数字は会社から与えられます。これをノルマと捉え、「やらされ感」で取り組もうとするとモチベーションは上がりません。

しかし、目標を達成する方法は自分で決められます。

毎日の訪問件数を決めて進捗度を計測したり、ライバルを決めて競争したりすることもできます。また、訪問先のお客様に良い情報を提供したり、相談相手になってあげることもできます。

仕事を受身でするのではなく、自分で工夫すれば、決定権を作り出すことができるのです。自分が決めたことを実行すればモチベーションも上がるでしょう。また、周りの人やお客様に感謝してもらえれば、それが励みになり意志力が強化され、逆境に負けない精神力が備わります。

あなたもぜひ、意識してみてください。

09

運が良くなる人は、決定権を自分に持たせることができる！

10 運が良くなる人は運が良いと思い、運が悪くなる人は運が悪いと思う。

あなたは思い込みの強いほうですか。

「良いほう」に思い込めば運気は上がります。

逆に「悪いほう」に思い込めば運気は下がります。

多くの人が間違った思い込みをしています。

例えば上司に悪意などないのに、勝手に悪意があると判断してしまうことはないでしょうか。


実例で話します。

ある課長から相談を受けました。

「新しくきた部長が本社の会議に同席を許してくれません。私は評価されていないのだと思います。しかも部長は本社の会議のことを私には一切フィードバックしてくれません。

今の部署で役に立っていないので異動させてください」

彼は深刻な顔で私に話しました。

私は部長にこの件を話すと、部長は目を丸くして驚いていました。

「評価していないなんて信じられない。新しい部署にきて何もわからないので、彼だけが頼りで信頼しているのに。本社の会議に同席を求めなかったのは、彼は非常に忙しくしているので、せめて会議の負担ぐらい私が負おうと思いまして。事実、彼は常々、本社の会議は時間の無駄だと言っていましたし」

なぜフィードバックしないのかも聞きました。

「えー。そんなふうに思っていたんですか。フィードバックするもなにも、すでに彼は他から会議の内容を聞いていてすべて知っていましたよ」

課長は本社での会議内容をすでに同僚から聞いて知っていたのです。本社の会議は時間の無駄だと言っていたのも事実です。ただ、同僚とのコミュニケーションをとりたいので会議には出席したかったのです。

課長の思い込みは事実と違います。もう少しで自分を部署異動や転職に追い込んでいました。

この例でもわかるように、部長は「課長が会議に行きたくない」と考えていて、課長は「部長が連れて行ってくれない」と誤解しています。

このまま誤解を解かなければ、だんだんとお互いのコミュニケーションにずれが生じていったことでしょう。

確かに、相手の立場で物事を考えるのは難しいかもしれませんが、悪い判断をくだす前に、一旦自分を相手の立場に置き替えて考えてみてください。

もし、相手の考えていることがわからなければ、思いきって「相手に聞く」のも一法かもしれません。

私はこれと同じようなケースをたくさん見てきました。

事実とは違う思い込みで、人間関係を悪化させるのはもったいないです。

どうせ思い込みなら、ポジティブなほうに思い込みましょう。

事実がわからないのなら、良いほうに解釈したほうが自分も楽です。

松下幸之助さんは、社員の採用試験に臨むとき「あなたは運が良いほうだと思いますか？」とよく聞かれていたと言います。

幸之助さん自身も、自分は運が良いと思い込んでいます。

あるとき通勤で使っていた連絡船から落ちておぼれそうになりましたが、偶然通りかかった漁船に助けられました。

彼は決して「チクショー！」とは思いませんでした。むしろ「俺はなんて運が良いんだ、漁船に助けられるなんて」と良いほうに思い込んだのです。

どんなことでも良いほうに考えるのが、運気を上げる最良の方法です。

10
運が良くなる人は、自分は幸運だと信じている！

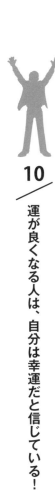

第2章

運を捕まえる行動 編

11 運が良くなる人は冒険し、運が悪くなる人は安全を選ぶ。

何か行動をするときは、リスクは取ったほうが良いのでしょうか。それとも極力回避したほうが良いのでしょうか。意見の分かれるところです。

結論から言うと、運を引き寄せる人は、たくさんリスクを取っている人です。運に見放される人は、リスクそのものを取らず避ける傾向にあります。すなわちリスクのあることに対しては行動しないのです。

何かことを成そうとすれば、今の状態から変化しないといけません。今日も昨日と同じ行動をとれば、昨日と同じ明日が訪れます。

それは変わらないという意味で安全でもあり、安心でもあります。ですが、今よりも幸せな明日が訪れるかもしれないという淡い期待は、捨てなければなりません。

明日を今より充実したものにしたければ、昨日と違う行動をとってください。

ただし、結果がどうなるかを深く考えずに、突発的に行動するのも得策ではありません。これはリスクが大きすぎるのです。

「運」が良い人がリスクを冒してチャレンジするのは、かけるリスクの数倍もリターンがあるケースです。

私が営業本部長していたときに、新規店舗の支店長を社内公募しました。手を挙げた人は3名です。その3名のうち、2名を新規店舗の支店長にしました。公募した支店長の店舗の売上がどうだったかは正直あまり覚えていません。ただしこのとき手を挙げた3名は、全員そのあと大きく出世しました。

公募に応募しなかった人の大半が、店舗の業績が悪かったら恥ずかしい、責任をとらされるかもしれないと考えていました。

会社が社員に求めるのはチャレンジ精神です。リスクのある状況でも積極的にチャレンジできる社員を求めています。結果は環境などのいろんな要素で変わります。前向きな行動なら、結果が伴わなくても大きく評価を下げることはありません。

社内公募のように社員の身分を保証された中では、積極的にリスクを取るべきです。

取るべきリスクの目安は、失敗しても再起できるか否かです。

実害の小さなものは、失敗を恐れずにどんどんチャレンジしてみてください。

「デートに誘って断られたらどうしよう」

「社内公募に応募して、うまくできなかったら恥ずかしい」

「会議で発言して、つまらない意見だと一蹴されたら嫌だ」

これらのことは、失敗してもリスクは大きくありません。

つまり物質的な損害はなく、リスクはあなたのプライドが傷つくだけです。**一度も恥をかかずに成長はできません。**恥は、成長するための糧になります。

再起可能で実害の少ないリスクを取って運気を上げていきましょう。

もう一つ、重要なことがあります。

①「絶対に起こらない」ということはなく、あらゆることは起こりえる

②起こりえることは、必ずいつか起こる

この教訓を覚えておいてください。

クロスワードパズルは昔、一部のインテリ向けの高級な娯楽でした。これを大衆向けに大ヒットさせた1冊の本があります。

この大ベストセラー本ができあがる過程でのドラマです。

依頼した出版社のスタッフが、完成直前の原稿をタクシーに置き忘れ紛失してしまいました。ところが著者が「起こりえることは、必ずいつか起こる」の教訓を想定して、毎週末に手作業でバックアップを取っていたのです。コピー機がない時代に同じものをバックアップすることは大変な作業ですが、この慎重さが功を奏し、大ベストセラーを実現しました。

運を引き寄せる人は、どんどんチャレンジしますが、想定されるリスクを認識して無謀な冒険はしません。言い換えれば、常に想定されるリスクを念頭に置いて行動しています。

再起可能で実害の少ないリスクを取って、運気を上げていきましょう。

11 運が良くなる人は、チャレンジ精神を持っている！

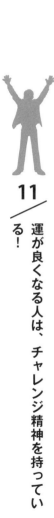

12

運が良くなる人は損切りし、運が悪くなる人は決断を変えない。

運が良い人と、悪い人の違いは失敗したときの見極めにあります。

株式売買の手法に「逆指値」というものがあります。

逆指値とは、買った株が思うように上がらず、逆に下がった場合に、一定の株価より安くなったら自動的に売る手法です。言い換えれば、あらかじめ損失を確定しておく方法です。

思惑がはずれた株式をいつまでも未練がましく保有し続けて再起不能になるよりも、次のチャンスに挑戦する資金を温存するほうが得策です。

私たちの人生でも、取り返しのつかない失敗を抑えられるように、一定値を超えたら損切する勇気が必要です。

損失は、お金だけではなく「時間」「愛情」「努力」も含まれます。

このまま一緒にいても幸せになれないことがわかっているのに、ズルズルとダメ男と別れられない女性。合格はほぼ不可能なのに、10年以上も司法試験に挑み続ける人。

なぜ、損切りできないのでしょうか？

一番大きい理由は、損切りした時点で「失敗を認める」ことになるからです。自分の選択が誤っていたことを認めるのは辛いものです。

また、そこまで費やした時間、愛情、努力を惜しいと思って、いつまでも過去の決断を手放せないこともあるでしょう。これを行動経済学では「コンコルドの誤謬《ごびゅう》（埋没費用効果）」と言っています。

ダメな彼がいつかは立ち直ってくれる、チャレンジを続ければいつかは司法試験に合格できる、と自分に言い聞かせて、無駄な時間を浪費してしまうのです。

他人から見たら、早く損切りすれば良いのにと思いますが、自分自身を客観的に見るのを避けてしまいます。

私自身の人生を振り返っても、損切りできずに損失を膨らませた経験は何度もあります。

運の良い人は、自分がしていることが悪い方向に転がりはじめたら、いつでもやめられる準備をしています。そして、状況が悪化すれば素早く逃げ出す決断力を持っています。チャンスを掴むためには失敗を厭わぬ行動が必要ですが、長い人生では撤退の決断もときには必要です。

運の良い人は、小さなプライドや恥などをいちいち気にしない、良い意味での図太さも持ち合わせているのです。

人生に失敗はつきものです。失敗を恥じることはありません。

自分の判断や行動が間違っているとわかったら、即座に勇気を持って針路を変えることです。

このような話をすると、「運の良い人は、移り気で簡単に態度を変える人のことなんだ」と誤解する人がいますが、そうではありません。

気まぐれにあちこち動き回って成功することは、ありえないのです。

大きな決断をしたり、この道で良いのだろうかと迷ったときに、どのような状態になったら撤退するということを、事前に決めておくのです。

まずは自分の置かれている状況をよく見て、そこに留まって望ましい結果が得られるなら我慢することも必要です。

勇気を持って撤退するのは、明らかにそこに留まっても良い結果が得られないと判断したときだけです。

人生は一度きりです。時間は止まってはくれません。後悔しても元には戻れません。

でも、未来はあります。これから新たな選択をして作っていく未来です。

どんな選択をしても、あなた自身が決めたことを後悔しないことが、成功の条件でしょう。

12 運が良くなる人は、失敗を認められる！

13

運が良くなる人は経験値からくる直観を信じ、運が悪くなる人は都合の良いほうに誘導する。

あなたは選択に迷ったとき、どのようにして決断をくだしますか。

過去のデータを分析する、参考になる本を読む、専門家に聞くなど、決断する方法はさまざまです。事案のレベルによっても選択の方法が変わってきます。

私の尊敬する元上司でSBIホールディングの北尾吉孝社長のもとには、毎日たくさんの部下から相談案件がきます。社長に上がってくるレベルの案件ですから、判断を誤ると数億の損失になるようなものも多く含まれます。

北尾さんは、これらの相談案件のジャッジを30秒以内に行います。

運が良い人は決断が速く、直観で決めているのです。

成功哲学の祖とも言われている、ナポレオン・ヒルが『思考は現実化する』（きこ出版）の中で、決断力の大切さを謳っています。

ナポレオン・ヒルは２５００人に調査した結果、30項目にわたる失敗の原因のうち、**最大の失敗の原因は決断力の欠如だった**と発表しました。また、巨万の富を築いた何百人かのウルトラリッチの人々を分析した結果、彼らは例外なく素早い決断力の持ち主でした。

「人生の切り替えポイントに立ったとき、いちばん悪いのは流されること。意志を持って決定すればどちらに転んでも後悔しないが、流されれば恨み続けることになる」（『人生の旋律』神田昌典　講談社）

この言葉は、伝説の実業家である近藤藤太さんのものですが、彼の言葉の中に答えがあるように思います。

選択しなかった結果は永遠にわからないのですから、自分が選んだほうを正解と信じるのが得策です。

決断したらもう一方の選択肢を忘れるのが運の良い人の共通点です。もし選んだ選択が間違っていたら、次の機会に生かせば良いのです。

成功者だって、どちらが正しいかわかって選んでいるわけではありません。ただ信念を持って決断し、自分の決断に迷うことなく、成功に向け精一杯努力しているのです。

すぐに決断できる癖をつけるのも重要です。

そのためには、小さな決断で訓練しましょう。

例えばレストランでメニューを決めるときや、どの映画を観ようか迷ったときに一瞬で決断する練習をしてみてください。これくらいなら判断が間違っても、大きなマイナスにはなりません。だんだんと決断することに慣れてくるでしょう。

そして、最後にどうしても迷ったら「直観」を信じてみるのも一法です。意外と人間の直観は当たります。


ただし、何でもかんでも熟考せずに直観に頼るのも得策ではありません。

直観に頼らないほうが良いケースは次の三つです。

①経験則がない事象
②欲が絡んでいるケース
③希望的観測

①は、多くの患者を診てきた医者の直観や、何千人も面接した面接官の直観は当たることが多いですが、まったく分野が違う事象は直観に頼らないほうが良いということです。
②は、ギャンブルのようなお金の欲にからんだ直観は当たらないということです。
③は②と似ていますが、片方の決断のほうが自分が楽をできそうだからなどの場合です。
これは、直観ではなく願望です。

あなたも、どちらか決められず悩みに悩んだ末、理屈や常識で自分を納得させて選んだ選択肢より、パッと閃いたり、一瞬で「これが良い」「これがしたい」というワクワク感を伴う選択を実行したほうがうまくいったという経験があるのではないでしょうか。
いずれにしても、直観を研ぎ澄ませるのは幸運の秘訣です。

13 運が良くなる人は、意思決定が速い！

14 運が良くなる人は奇跡を呼び、運が悪くなる人は奇跡を待つ。

過去の偉人が成功を収める過程で幾度となく奇跡的なことが起こっています。奇跡は歴史に名を残したような有名な人物でなくても起こります。

あなたの過去のうまくいった事象を思い返してください。今考えれば不思議なことが起こっていませんでしたか。

なぜあのとき、あの人と出会ったのか、なぜあの場所に行ったのか、という経験はあると思います。

第1項で、私が子供の頃、落語家だった話をしました。

落語家としての私は成功とは言えません。ただし、一つだけ自慢できるとしたら、小学6年生の私が落語家になれたことです。

私が弟子入りしたのは、当時の上方落語協会会長、6代目笑福亭松鶴師匠です。

師匠の元には、連日多くの弟子志願者が訪れます。その大半が素人名人会のようなテレビ番組で名人賞を受賞した強者です。

そんな中で義務教育も終えていない子供が弟子入りを認められるのは奇跡の世界です。

(このあたりの話は、拙著『仕事に幸せを感じる働き方』(あさ出版)をご参照ください)

私は落語家を志願し、ありとあらゆる手を使い、弟子になる努力をしました。

ここで一つの奇跡がありました。新聞配達をしている友達が、笑福亭鶴光さんの家を見つけてくれたのです。私は早速訪問しました。

鶴光さんに弟子入りをお願いすると、「まだ入門4年目で弟子を持てない」とおっしゃって、師匠である笑福亭松鶴さんの家に連れて行ってくれたのです。

夜の7時頃でした。小一時間、鶴光さんと松鶴師匠が一門会の打ち合わせをしたあと、

「ところで鶴光。お前何しにきたんや」

「はい。この子が師匠のファンで弟子にして欲しいと言っています」

その瞬間、松鶴師匠は鬼瓦のような表情で私を見つめました。

「おまえ。わしの噺《はなし》、聞いたことあるのか!」

あきらかに機嫌が悪い様子です。

当時は笑福亭仁鶴さんや桂三枝（現：文枝）さんを中心にテレビで若手落語家が売れていて、一種の落語ブームでした。そんなミーハー的な風潮を師匠はあまり良く思っていなかったのです。あくまで古典落語を愛する人間を弟子にしたかったのでしょう。そんな折に小学生の私が弟子入り志願してきたのですから、ミーハーの一人だと思われても仕方ありません。

「おまえ。わしの噺、聞いたことあるのか！」と恐ろしい形相で聞かれ、私の心臓の鼓動はマックス。緊張で金縛り状態です。

ここで奇跡が起こったのです。

小学生の私がライブで落語を聴ける機会は多くなく、過去に二度だけでした。

一度目は大阪万博公園で新聞社主催のお祭りがあり、私が友達と遊びに行くと、松鶴師匠が落語を披露していたのです。

もう一度はＮＨＫの落語番組の公開録音が抽選で当たり、大阪厚生年金会館に行きました。そのとき、トリで落語をされていたのが松鶴師匠です。

この二つの出来事は、師匠の家を訪問するたった3週間前の出来事です。

万博公園のときも、厚生年金会館のときも、そのあとに笑福亭松鶴師匠の家に行くなんて夢にも思っていませんでした。

たまたま私の家の近くに笑福亭鶴光さんが住んでいた。その師匠が笑福亭松鶴師匠だった。

私は師匠の質問に声を震わせながら、

「はい。万博公園の『相撲場風景』も、厚生年金の『初天神』も見ました」と言うと、師匠は一気に上機嫌になり、「おまえ、わしのファンか」と大声で笑いました。おそらく私が師匠の追っかけをしていると思ったのでしょう。そんなわけで、なんなく入門を許可されました。

運の良い人は、結果を気にせずひたすら動き続けています。運の悪い人は、行動を起こさずに奇跡が起こるのを待っています。

14 運が良くなる人は、自らアクションを起こす！

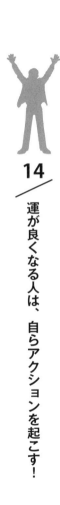

15 運が良くなる人は今を大切にし、運が悪くなる人は未来を夢見る。

自己啓発書では、夢・目標を掲げ、紙に書くなり、アファメーションすれば実現すると言っています。

私も間違いではないと思いますが、この手法に頼りきるのは考えものです。

以前、講演でこんな人がいました。

「横山さんの言うように、私は毎日、夢・目標を紙に書いて、アファメーションしています。毎日ワクワクします」

「素晴らしいですね。○○さんの目標は、今の会社を辞めて起業し、年商1億円にすることですよね」

「はい。そのことを考えるだけでワクワクします」

「ところで、起業の準備はされてますか?」

「はい。毎日目標を紙に書いています」

「いや、そうではなく、実際に起業に向けた行動は？」
「だから、アファメーションを……」
正直、この方が起業して成功することはないでしょう。
運を引き寄せるには行動が必要です。目標を紙に書いたり、アファメーションは未来に対してするものです。

夢・目標が実現した未来を思い描き、ワクワクするとモチベーションも高まります。ただし、未来にばかり目がいくと、今とのギャップに苦しみ、逆にモチベーションが枯渇してきます。

強運の持ち主は、一般人が常識で考えられないような大きな夢を語ります。とてつもない目標を設定します。

でも、未来ばかりを見ているのではありません。**今すべきことにも全力を注いでいます。**地味な作業にも手を抜きません。

私の知人の成功者は、従業員4名のときに、全国100店舗の目標を掲げ社員を鼓舞していました。毎日社員に全国展開の夢を語っていました。

その彼の日々の行動は、昨日のお客様にお礼メールを書くことです。定型文ではなくお客様一人ひとりにオリジナルの文章で書いていました。手間のかかる作業ですが、手を抜くことなく毎日継続していました。

手間のかかることや、めんどくさいことをすると運気が上がります。派手なことや、楽なことをすると運気が下がるのです。

言い換えれば、人が嫌がることを率先して行える人が運の良い人です。

冒頭の起業を目指している青年は、行動プランが何もなく、ひたすら理想の未来を紙に書いて、願っているだけです。

これでは残念ながら目標は実現しません。

運を動かすのは、未来でも過去でもありません。今のあなたの行動が運を引き寄せるのです。

夢・目標に使うエネルギーはせいぜい20％までです。残りのエネルギーは「今」に使いましょう。お釈迦様は、過去も未来も幻想の世界だとおっしゃっています。

目標設定は重要です。目標がないと行動そのものが起こせません。しかし、目標設定したら、一度そのことを忘れて今に全力を注いでください。

運の良い人に共通する言葉は「気がついたら成功していた」です。

がむしゃらに「今」を大事にし、精一杯努力した先に成功が待っています。

そして、もう一つ**運の良い人に共通する言葉は「苦労なんて思わなかった。夢中で毎日楽しかった」です。**

運気を上げるには、人の嫌がる地味な仕事をコツコツと実行することです。

15 運が良くなる人は、目の前のことに全力を尽くす！

16 運が良くなる人は複数手をつけ、運が悪くなる人は一つに集中する。

あなたは行動を起こすときに一つのことに集中するほうですか。それとも複数の事象を同時に進行させますか。

運の面では、同時に複数走らせるほうに軍配が上がります。

運を良くする行動には、文字通り運気を上げる行動と、不運を最小に食い止める行動の2種類があります。

そして**運を良くする行動以上に、不運を最小に止めることが重要です。**

実際にあった話をします。

A社は資金調達を、複数の邦銀と外資系金融機関から行っていました。

B社も当初はA社同様、複数の邦銀と外資系金融機関で調達していましたが、外資系金融機関K銀行の調達コストが低かったので、借入を徐々にK銀行へ集中していきました。

財務効率からすれば間違いではありません。少しでも金利の低いところから調達するほうが、支払う利息も少なく良いことです。

しかし、2008年にリーマンショックが起こり、外資系金融機関の金利は急上昇しました。B社は年間の利益がすべて金利負担で充当しても足りないぐらい苦境に見舞われ、倒産寸前のところまで財務内容は悪化しました。

邦銀の金利も上昇しましたが、外資に比べればそれほどでもありません。A社は国内の銀行の支援もあり、リーマンショックを切り抜けてそのあとも順調に推移していきました。

リーマンショック級の金融危機は誰も予想できません。従って、B社の危機は予期せぬ出来事が原因だったので、運が悪かったとも言えます。

しかし、運の良い人は、選択肢を複数持ちます。

運の悪い人は、うまくいっている状況が永遠に続くと考える傾向があるのです。

私がSBIグループの役員をしていたとき、グループトップの北尾吉孝さんに新規ビジネスのプレゼンする場合、案を3個~5個用意しました。

当然第1案に一番時間を割き、自信もあったのですが、複数の代替え案の準備も怠りませんでした。

北尾さんは超多忙で10分の時間をいただくのも大変な状況です。第1案がダメで出直すと、ビジネスチャンスを逃します。

そんなとき、第2案、第3案で助けられことも多々ありました。

選択肢を増やすの意味は、いろんなことに次から次に手を出すことではありません。努力は一つのことに集中するほうが良い結果を生みます。

ここでいう選択肢を増やすというのは、あくまでもリスクヘッジが目的です。

一つのことにすべてをゆだねると、失敗したときに立ち直れなくなります。

すべてがうまくいくというポジティブな考えは運気を高めますが、世の中、何が起きるかわからないことも念頭に置いて欲しいのです。

一つひとつ積み重ねた幸運を一気になくすようなことは避けてください。

運の良い人は、リスクを一つに集中させず、複数の事象を同時に走らせます。

16 運が良くなる人は、選択肢を増やす！

幸運は自分が予期せぬところから訪れます。

１９９９年にスタンフォード大学のクランボルツ教授らは、成功者たち数百人を対象に、成功の秘訣を徹底的に分析しました。

すると、**成功者の内、約８割の人は、「今の自分の成功は『予期せぬ偶然によるもの』によってもたらされた」と答えた**というのです。

「目標に向かって寝る間も惜しんで頑張った結果だ」とか、「普通以上の能力・実力があった」などといった回答が出揃うだろうと予測されていた中、この結果は意外でした。

この調査結果につけ加えるなら、たまたま成功したのではなく、たくさんのことを同時に進行させていた結果、予期せぬ事象や出会いが成功をもたらしたということです。

大成功者と言われる人は、驚くほどたくさんのことに挑戦していたのです。

成功者は何もせずに待っているのではなく、次々に行動を起こす人です。

そして、最悪の不運も念頭に置いて失敗しても再起できる状態にしています。

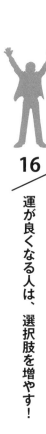

17 運が良くなる人はスピードを優先し、運が悪くなる人はクオリティーを優先する。

あなたは、「スピード」と「クオリティー」どちらを優先すべきだと思いますか。
状況に応じて選択は変わると思いますが、ビジネスで成功している人の大半はスピードを優先しています。

私の親友で元上司でもある住信ＳＢＩネット銀行の円山法昭社長は、ＳＢＩモーゲージ株式会社（現アルヒ株式会社）の社長時代に日本ではじめて住宅ローンの代理店ビジネスを立ち上げ、当初従業員４名の会社を見事に上場会社へ成長させました。

彼の持論は「最善よりも最速」です。

インターネットでの販売戦略をリアル店舗戦略に切り替え、わずか1年半で47店舗を出店させました。このスピードには幹部職員からも反対の声があがりましたが、その声をうまく調整して、出店スピードは緩めませんでした。

結果、円山さんは、このスピード戦略が功を奏し、業界ＮＯ１の称号を手に入れました。

スピードを優先する理由は二つあります。

①早ければ、失敗しても方向転換できる

②スピードは意識しないと向上しない

①早ければ、失敗しても方向転換できる

着手が早ければ、間違っても修正する時間があります。クオリティーを優先させて満を持してスタートしても、必ず成功する保証はありません。

完璧を目指し、なかなか企画書を出さない部下より、とにかく企画書を作って見せにくる部下のほうが、長い目で見れば成功しています。

私の周りに本を出版したいという人はたくさんいます。企画書を書けば出版社を紹介すると言ったときに、すぐに書いてくる人はそのあと出版にたどり着いています。

逆に精度を重視し、何度も書き直してなかなか完成しない人は、本を永遠に出せない人です。

② スピードは意識しないと向上しない

クオリティーは慣れれば自然に向上しますが、スピードは意識しないと速くなりません。

ある会社で、毎年新入社員にＤＭの封入作業をさせていました。

この会社の新入社員は例年、「大学を卒業してこんな単純作業をさせるなんてひどい」とぼやいていました。

そこで手法を変え、新人を三つのチームに分けて競争させたのです。すると日増しに封入のスピードが上がっていきました。３週間後には、各チームが例年の３倍の量の封入ができるようになりました。

これは競争することでスピードを意識するようになり、紙の折り方や糊づけの手順を工夫しはじめたからです。

この手法を取り入れたことにより、業務量が3倍に効率化されてだけでなく、新入社員が毎日楽しく仕事ができるようになりました。

「思い立ったが吉日」という諺があります。

「何かをしようと考えを起こしたら、その日を吉日として、すぐにはじめるのが良い」という意味です。「考えたとき＝行動する（べき）とき」です。

私たちの住む世界は、不思議と早く着手した「人」や「会社」に幸運の女神が微笑むようです。

インターネットの普及で、ビジネス環境の変化スピードはどんどん速くなっています。

「前例がないのでできない……」この言葉は運気の面ではマイナスです。前例がないからやるのだという「好奇心」が幸運をもたらします。

17 運が良くなる人は、まずはやってみる！

18

運が良くなる人はチャンスを掴みにいき、運が悪くなる人はチャンスを待ち続ける。

あなたは幸運に巡り合うことが多いほうですか。少ないほうですか。

次から次にチャンスに遭遇する人もいれば、なかなかチャンスが巡ってこない人もいます。この違いが何なのか不思議に思いませんか。

答えを話す前に、実際にあったエピソードを聞いてください。

田中義一さん（仮名）は、いつも自分にはチャンスが巡ってこない。自分は運が悪いと嘆いていました。

その田中義一さんの面接をしたことがあります。

以前、お世話になっている方から、良い人材がいると田中さんを紹介されました。そのとき私の会社では、新規出店を計画しており、田中さんは店長としてぴったりの人でした。

田中さんは面接当時、大手の銀行を退職し生命保険会社に勤めていました。

転職理由は、勤務する保険会社は歩合制で、給与が少ないので安定した会社で働きたいとのことでした。

私は社長と人事担当役員の了解を取りつけ、採用は、ほぼ確定していました。配属と年俸も決まっており、面接といっても形式的に行うだけで、どちらかといえば条件提示と顔合わせのようなものでした。

世間話に終始し、最後に年棒を提示しようと思った矢先に、何気なく履歴書に目をやりました。

職務経歴書の最後に記載してあった現職の内容を見ると「現在、私は◯◯銀行で個人融資を担当しています……」。

田中さんは、今、△△保険で保険営業をしているはずです。この履歴書は、◯◯銀行を辞めて、△△保険に転職するときに書いたものだと思われました。

この職務経歴書を見て、さすがに採用は諦めました。

転職はそのあとの人生を決める一大イベントです。

そんな大切なイベントに、銀行を辞めて、保険に転職するときに書いた職務経歴書を確認もせずに使い回すなど、私は許せませんでした。

私の会社で働くことが幸運とまでは言いませんが、田中さんに予定していた給与提示金額は、現在勤めている保険会社の年収を大幅に上回る金額です。

田中さんは、そのあと、飲み屋で自分の不運を嘆いていたそうです。


果たして、田中さんにはチャンスがなかったのでしょうか?

いいえ、そうではありません。田中さんは、手の中に入っている運を自ら放り投げてしまったのです。

転職は人生の大イベントです。このようなチャンスのときに、以前使った履歴書を確認もせずに使いまわすような人には、幸運は巡ってきません。

実際にこのような人が多いのに驚きます。**チャンスは目の前にたくさん転がっています。日々チャンスがあれば掴んでやろうという考え方、行動が大切です。**

いつチャンスがくるかわからないからと油断せずに、いつでも毎日が本番だと思って、精一杯努力しましょう。

18 運が良くなる人は、チャンスが巡ってきたときに油断しない！

世の中には、チャンスを掴もうとする人と、掴む気がない人がいます。

先ほどの田中さんの場合、チャンスが手の中に入っているにもかかわらず、自ら放棄しています。チャンスは掴むものだと心得てください。

運の悪い人は、チャンスは自然に発生するものだと勘違いしています。

何もせずにチャンスが訪れる確率は、8月に東京で雪が降るのを待つようなものです。

現実には起こりえません。

目の前にチャンスには、全力投球する心構えを持っていてください。

19 運が良くなる人は与え、運が悪くなる人は求める。

運気を向上させるには、人に与えることです。

私たちの住む世界は、たくさん与えた人が勝つ仕組みになっています。

与えれば良いという話は、誰もが耳にしたことがあると思います。でも心の中で、本当に与えると運気が良くなるのかという疑問が湧いてくるのも事実です。

私は30年間、多くの人を見てきました。役員になってからは、誰が成功するか、誰に幸運が舞い降りるかをずっと観察してきました。

軍配は「与える」人に上がりました。そして「与える」の逆は「求める」です。

この「求める」人は、残念ながら成功しません。

K子さんは、人事面談の度に給与を上げて欲しいと言っていました。

「私がこんなに頑張っているのに、どうして○○よりも給与が少ないのですか」

かなりの怒りモードです。

私は黙って話を聞いていました。次の面談でも同じように昇給を求めてきました。

「今回も昇給しなかったら、会社辞めますから。ライバル会社に行った○○さんなんて、○○万円ももらっているんですよ」

「じゃあ、あなたも○○さんと同じ会社に行けば良いのに」と口にこそしませんでしたが、内心そんな気持ちでした。

結局、K子さんの給与が上がることはありませんでした。現在も会社を辞めることはなく、周りに給与が安いと愚痴っている日々が続いています。

K子さんはなぜ給与が上がらないのでしょうか。それは、求めるからです。

求める人は、常に不満を持って働いています。不満の中で働いても良い結果が出ません。

T子さんは、半期ごとに給与が上がります。面談時に昇給の旨を告げると、いつも「こんなにいただいて良いんですか」と言います。

T子さんは、多くの人に与えています。どんなに忙しくても電話を一番に取ります。電話を一番に取ることにより、他の人に仕事をする時間を与えています。

仕事を頼むと「はい。わかりました。横山さんのお手伝いができて嬉しいです」と言います。この言葉で、私に喜びを与えてくれます。

彼女は誰から頼まれても嫌な顔をすることはありません。そうすると、どんどん味方ができ、仕事も順調に運び成功していきます。

求めてばかりの人は徐々に味方が減り、不平不満ばかり言いながら仕事をすることになって悪循環に陥ります。

求めるというのは奪うことです。自分から何かを奪う人を、人は好きになりません。

継続的に与えられる人は、与えながら自分を満たすことが得意な人です。

与える人には味方がたくさんできます。みんなが応援してくれるので、欲しいものが手に入りやすくなり運気が上昇します。

多くの人は、相手が与えてくれれば、自分も与えてあげるのにと言います。

「妻がもっと尽くしてくれれば、優しくしてあげるのに」

「会社が自分のことを評価してくれれば、もっと仕事を頑張るのに」

19 運が良くなる人は、不平不満を口にしない！

「○○さんが△△してくれれば、□□してあげるのに」

このような台詞をよく耳にします。

残念ながら先に求める人には、誰も与えてくれません。

私たちの住む世界は、自分の欲しいものを先に人に与えてあげれば、運気が上昇する仕組みになっています。

与えるのは金銭だけではありません。笑顔を振りまいても、何も損はしません。人に優しくしてあげても、あなたは何も失いません。

幸運を手にする人は、先に与えることができる人です。

20

運が良くなる人はお金をフローで考え、運が悪くなる人はお金をストックで考える。

運のテーマで講演をしていると、「どうすればお金が貯まりますか」という質問を受けます。

お金を貯める方法は、収入を増やすか、支出を減らすことです。

支出を減らすことは重要ですが、支出の減らし方で最終的にお金の貯まり方が違ってきます。つまり、**節約の仕方で運気が変わってくるのです。**

運の良い人とは、お金が貯まっている人ではありません。お金を循環させている人です。

ボロ家に住み、友達づき合いも一切せず、いつも異臭漂うヨレヨレの服を着ていた学校の先生がいました。当然誰からも相手にされません。彼が孤独死したときの預金通帳を見ると、残高が1億円を超えていました。実話です。

果たしてこの先生は幸運だったのでしょうか。

もちろん、預金通帳の残高を増やすことに喜びを感じていたかもしれませんので、一概には言えませんが、幸運ではないと思います。

人生の生きる目的がお金そのものになると運気が遠のきます。**お金はあくまで幸せになる手段であって、目的にしてはいけないのです。**

節約そのものは悪いことではありません。重要なのは節約の仕方です。

私がまだ20代の頃、ある取引先のA社長からランチを御馳走するからとお誘いを受けました。

場所は近くの有名なホテル。私は同期の3人と一緒に、どんな美味しい料理をいただけるのか楽しみにしていました。

ボーイから配られたメニューを見ながら何を食べようか考えていると、A社長は全員のメニューを取り上げ、一番安い定食を注文しました。我々がいつも食べている定食と同じです。

食べ終えるとボーイがコーヒーか紅茶を進めてきたのですが、その社長は定食とセットかと確認し、別料金と知ると無料のお茶をリクエストしました。

食事中、自分の会社のすごさを力説されても、一番安い定食と無料のお茶だけではこちらはしらけてしまいます。

一方、B社長は節約家でお金に非常に細かい人でした。10円単位の単価の交渉に1時間以上もかかることがありました。B社長の事務所では広告の裏をメモ用紙として使い、封筒も再利用していたくらいです。

ある日、そのB社長から忘年会に招待されました。場所は大阪ロイヤルホテル。日頃食べたことがないような豪華料理が並ぶバイキング形式です。1品ごとにチケットで精算するシステムになっていましたが、B社長から手渡されたチケットは何十枚もあり、使いきれない量です。

帰りにはお土産をいただき、自宅までのタクシー送迎付。10円単位の細かい交渉をする社長とは別人のような振る舞いでした。

A社長もB社長も節約家であることに変わりはありません。少しでも出ていくお金を少なくし、お金を貯めようとする姿勢は共通です。

しかし、B社長は商談では厳しい交渉をしますが、入ったお金を使うことは惜しみません。**お金を貯めるだけではなく循環させています。**

一方のA社長は周りの人の気持ちも考えず、支出を減らすほうにのみ目がいき、どのようなときにも支出を減らすように行動していました。

10年後、A社長の会社は競合との競争に破れ他社に吸収されました。B社長の会社はさらに大きく業績を伸ばしています。

B社長は日頃のビジネスでの交渉は、少しでも経費を少なくし利益を上げようとしていました。他社との競合に勝ち、従業員の待遇を良くするために必要な節約です。

そして、ただ貯めるだけではなく、周りの人に喜んでもらうために、惜しみなくお金を使います。

B社長の行動が運気を高めます。

20 運が良くなる人は、お金の使い方にメリハリがある！

第3章

運を呼び込むための自己研鑽 編

21

運が良くなる人は自分の弱さにおびえ、運が悪くなる人は自分の強さに酔う。

10年真剣に修行をすれば自分の強さがわかる。
さらに10年真剣に修行をすれば相手の強さがわかる。
さらに10年修行をすれば自分の弱さがわかる。

これは武道の達人の言葉です。

剣の修行を積めばどんどん実力がつき、強くなった自分を実感できます。しかし、ここでやたらと戦いを挑めば、自分より強い相手に出くわしたときに負けます。真剣なら命を落とします。

さらに10年修行を積めば、相手の技量がわかるようになり、むやみやたらと戦いを挑むことはなくなります。

相手の強さがわかるようになると、自分より弱い相手には戦いを挑みます。ただし、この世の中、必ず強いものが勝つとは限りません。勝負には実力以外の要素が影響します。何らかの事情で負けることもあります。真剣なら命を落とします。

さらに10年修行を積めば、自分の弱さを知り、鞘から剣を抜くことはなくなります。剣の達人の最終形は、自分の弱さを知ることです。

私は20代の頃、営業成績が良くてちやほやされていました。支店の売上は、自分一人で稼いでいるような気持ちになっていました。

他の営業マンのエリアまで進出して、ひたすら営業成績を上げるために頑張っていました。同期から「そこまでして数字を上げたいのか」と忠告されたこともありましたが、生意気盛りの私は、聞く耳など持ち合わせていません。

その先に待っていたのは入院でした。無理がたたったのです。

入院しても最初の1週間は仕事のことばかり考えていました。病院の公衆電話から何度も会社に電話をし、状況を確認していました。

私がいなければどうにもならない、と思っていたからです。

しかし、私の残務は同期と後輩が担当し、なんなくこなしてくれました。その上、私が入院しても支店の成績は何ら変わることはありません。

私を助けてくれたのは、私がひたすらライバル視していた同期です。入院中は何度もお見舞いにきて励ましてくれました。退院後も手伝ってくれた取引先の案件をすべて私に返してくれたのです。人のエリアまで侵して営業数字にこだわっていた自分が恥ずかしかったです。

それなのに、そのあとも私は営業成績が良いことを理由に、自分の強さに酔っていました。反省することなく、営業成績上位を鼻にかけた行動を続けたのです。

その結果、左遷されました。そしてうつ病になり会社を辞めました。

自分の強さに酔ったり、傲慢な態度をとったり、自慢をしたりしていると、人が離れていきます。幸運は人が運んできてくれるので、人が離れると運気が落ちます。

人間は一人では生きられない弱い生き物です。

他人のちょっとした一言で傷ついたり、腹を立てたりします。

その弱さを悟られたくないので、強がりを言ったり、自慢したりするのです。

運気を上げるには、自分の弱さを知ることです。

具体的には、人に教えを乞うてください。質問してください。

私たちは、教える人が偉くて、教えられる人は下のようなイメージがあります。人に聞くことは、自分の無能さを露呈しているように感じる人もいます。しかし、実際はそんなことはありません。

あなたに質問してくる人を想像してください。その人はあなたより無能に感じますか。むしろ、知ったかぶりをせずに聞いてくる姿勢に、敬意を表したくなりませんか。

自分の弱さを見せることは勇気がいることです。自信たっぷりに話すほうが心地良いかもしれませんが、この態度は運気を落とします。

あなたが運気を上げたいなら、自慢せずに教えを乞うたり質問したりしてください。

21 運が良くなる人は、弱みをさらけ出す！

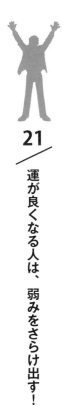

22

運が良くなる人は誰でもできることを誰もできないくらいやり、運が悪くなる人は誰もできないことをできると思う。

多くの人が、自分に能力や運がないから成功しないと思っています。

しかしあなたには、そのように簡単に諦めないで欲しいのです。

人間の能力に差はありません。誰にでも平等に成功のチャンスがあるのです。

運という観点からすると、小さなことをコツコツと実行している人に味方します。

運を引き寄せる人とは、「誰でもできることを、誰もできないくらいやる」を実践できる人のことを言います。

前職の会社には、毎年10人近くの新入社員が入ってきます。

いくら一流大学を出ていても、新入社員に任される仕事は限られています。そんな仕事に不満を覚え、毎年数名は「私は社長のビジョンに感動してこの会社に入ってきました。

日本を変えるような仕事がしたいのです」と訴えてきます。

元気でやる気満々の新入社員のモチベーションを下げるのは得策でないと思い、新規ビジネスの企画書を作成してもらうと、実現にほど遠いものばかりです。

その点を指摘すると、「私は大学時代、○○部の主将を務めてきました。どんな困難も乗り越えてきましたので大丈夫です」という力強い返答。

比較的実現可能なプロジェクトを任せましたが、問題が生じると言い訳ばかりです。

逆に最初は目立たなかったけれど徐々に頭角を現す社員は、地味な仕事を文句も言わずコツコツとこなしていた人たちです。

「運」は人が運んできます。人から応援される人間でなければ運気が上がりません。派手な仕事を好み、うまくいけば自分の手柄にするようなタイプの人を応援したいとは誰も思いません。

取引先のクレームや、めんどくさい仕事をしている人に対しては、「助かっている」という思いがあるので応援したくなります。

超一流と言われる人たちが日常大切にしているのは、地味な行動です。ただしその地味な行動を気が遠くなるほどの年月をかけて継続しています。

ルノワールは晩年、リウマチで動かなくなった指に筆をひもで括りつけてもらい、絵の基本であるデッサンを描いていました。

ピカソは生涯14万８０００点の絵を描いています。１日に直すと5枚の分量です。

ミケランジェロは一切れのパンと一杯のワインだけで、夜中に帽子にロウソクをつけて彫刻を続けました。

ある日、ミケランジェロはベネチアの貴族に胸像の彫刻を依頼されました。気が進みませんでしたが、依頼を断って変な軋轢を生むことを恐れ引き受けました。

10日後に作品を納品し、貴族から代金を聞かれたので、金貨50枚だと言いました。

これを聞いて貴族は怒りました。わずか10日で作った胸像が金貨50枚なんてありえない。高すぎると怒ったのです。

そのときミケランジェロは、

「この作品は、確かに10日で作りました。でも、私はこの作品を作れるようになるまでに20年の歳月を費やしています」

貴族は黙ってお金を払ったそうです。


「人は失敗するのではない。努力するのを諦めるのだ」（エリフ・ルート）

天才と思える人ほど、自分では天才と思っていません。

誰もができないような大事業を成し遂げることは素晴らしいです。

ただし、そのような大仕事は才能や能力で達成できるものではなく、地道な努力の継続が成せる業なのです。

運は地道な努力を継続できる人の元に集まります。

22 運が良くなる人は、地道な努力を欠かさない！

23

運が良くなる人は失敗を演出し、運が悪くなる人は成功を自慢する。

あなたは嫉妬を受けやすいほうですか。

また、あなたは人に嫉妬しやすいほうですか。

「嫉妬」の感情は、人と比べることからはじまります。感情ですから、完全になくすことはできません。わかっていてもコントロールできませんよね。


しかし、運気の面では、「嫉妬」はマイナスに働きます。

ですから、**運気の上昇のためにも、良い運気を継続するためにも、極力敵を作らないことが大事です。**

それでも、あなたが上昇していく過程では、嫉妬や妬みを避けることはできないかもしれません。

だから、できるだけ相手が復讐心を燃え上がらせないようにするのです。

以前、相撲で横綱がガッツポーズしたことが問題になりました。サッカーやオリンピックの優勝者がガッツポーズをする光景は非難されないのに、なぜ相撲では非難されるのでしょうか。

それはスポーツと武道の違いです。

スポーツは力の勝負です。強いものが勝ち、負けた人は悔しさをバネにさらに練習して強くなれば良いのです。

相撲のような武道も強いものが勝つことに変わりはありませんが、勝ち負けは「力」だけでなく「精神」も含まれています。負けた人に対する思いやり、勝ったことに対するおごりを自制することが重視されています。

ガッツポーズのぜひは人それぞれ意見が違うと思いますが、運気を上げる立場からは武道に軍配が上がります。

会社やビジネスの場面では、武道の気持ちを生かしてください。

私は営業成績が良かったことを鼻にかけ、同僚を見くだし、上司に反抗し、挙句左遷され、会社の退職を余儀なくされました。

私に欠けていたのは、謙虚さだけでなく、功績を分け与えることができなかったことです。

営業成績が良く表彰されたときも、スポットライトの当たるポジションを独占しようとしました。

その結果、運気を下げたのです。

私は会社で常にガッツポーズしていたようなものです。

スポーツの世界ではそれでも力があれば生き残れるかもしれませんが、**ビジネスの世界で我が物顔でガッツポーズしていると、「嫉妬」や「妬み」を受けて一気に運気を落とします。**

日本一の強運の持ち主、松下幸之助さんは常々「私は学歴もなく、体が弱いので、皆さんに助けてもらって今日があります」と謙虚に話します。

大阪の小さな町工場から世界のパナソニックを作り上げた功績もすごいですが、周りの嫉妬や妬みをかわしたところが、幸之助さんの強運を維持できた本当の理由かもしれません。

あなたが、うまくいっているとき、陰で失敗や不運を嘆いている人がいることを忘れないでください。

嫉妬の攻撃を受けないためには、手柄を独り占めしないことです。

強運の持ち主は、わざと失敗を演出したり、質素な場面を見せたりしています。

逆に羽振りが良くなったときに急に高級外車に乗ったり、豪邸を披露すると運気は急降下します。

極力、敵を減らすことが運気を引き寄せる秘訣です。

23 運が良くなる人は、アピールをしない！

24 運が良くなる人はバカになり、運が悪くなる人はバカな振りをする。

運を引き寄せ成功する人とは、「バカ」になれる人です。

ここで言うバカとは、言うまでもなく頭の良し悪しではありません。

本当にバカな人とは、知識を人に自慢する人です。または、変に知識があるがゆえに、正当論で相手の意見を論破しようとする人です。このタイプが成功することは、まずないでしょう。

なぜなら、正当論で相手をやり込めれば、相手の自己重要感が下がり、あなたの潜在的な敵となるからです。

人間は誰もが自分を認めて欲しい生き物です。自分を認めてくれない人からは離れようとします。場合によっては、あなたの足を引っ張る敵になる可能性もあります。

ノーベル賞レベルの頭脳の持ち主なら自慢しても問題ないかもしれませんが、生半可な知識を自慢しても白い目で見られるだけです。

ここで取り上げるのは、「バカになれる人」と「バカな振りをする人」です。一見見分けがつきにくいですが、「運」の観点からは大きく違います。

「私なんて全然ダメ。いくら頑張ってもプレゼンがうまくならないもの」
（実はとてもプレゼンが上手で、本人もそう自覚しているのが外からわかる）

「俺は自分の社長賞を逃しても、つい人を助けちゃうんだよね。先月最下位の○○君が今月営業トップだったのは、俺が営業先を分けてあげたからなんだ」
（どうしても自分の手柄を人に話さずにはいられない）

このように「バカな振りをする人」は、自分をバカに見せたり、謙虚を装っているつもりですが、周りから真意を見抜かれています。客観性がないと、このような行動をとりがちです。

「運を引き寄せる人」はバカな振りではなく、心底バカになれる人です。

前項でも述べましたが、パナソニックの創業者、松下幸之助さんは成功の秘訣を聞かれると「僕が成功したのは学歴もなく、体も弱かったおかげです」と言いました。

自分に能力がないから多くの人に助けてもらったと。

実際はそんなことはありません。先見の明もある優秀な方ですが、バカになれる人でした。

バカになれる人は、会議でもヒントは出しますが、最終アイディアは部下からのものを採用します。

もともと自分が考えたアイディアでも、部下が提案したことにすれば、部下は社長から指示されるよりモチベーションが上がり、死ぬ気で成功させようとします。当時の松下幸之助さんには、このような部下がたくさんいたのでしょう。

世界のホンダを作った本田宗一郎さんは、招いた外国の要人がトイレに入れ歯を落としたとき、裸になり汲み取り式のトイレに入って、入れ歯を探し出しました。そのあときれいに洗った入れ歯を口にくわえて、裸で踊りながら現れました。

バカな振りをする人と、バカになれる人の違いがわかりますか。

バカな振りをする人は自分中心です。バカになれる人は相手中心なのです。

相手に気づかれずに手柄を譲ることができる人が「バカになれる人」です。

バカになれる人は、人の意見にケチをつけたり、正義を振りかざすことはありません。人から聞かれるまで、自分の意見を得意げに話すこともありません。

バカになれる人は人望も厚く、人から好かれます。当然「運」も引き寄せます。

24 運が良くなる人は、相手中心に考えられる！

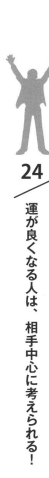

25

運が良くなる人は裏がなく、運が悪くなる人は裏がある。

あなたの周りに、上司の見ているところでは一生懸命仕事をするが、上司のいないところではサボる人がいませんか。

女性の中には、男性がいるときと女性だけのときで態度が違う人がいるそうです。

このような**裏表がある人は、運気の面で良くありません。**

私が落語家の修行をしていたとき、師匠の笑福亭松鶴は「陰ひなた」のある弟子には厳しく注意していました。

師匠の口癖は「要領かます人間になるなよ！」という言葉でした。私はこの言葉を何度も聞かされて育ちました。

師匠や偉い人の前だけ一所懸命な姿を見せても、必ずボロが出ると言うのです。

この言葉の真意について、ビジネスで部下を持つようになってよくわかりました。上の人は、部下の行動の一部始終が全部見えているのです。

楽をして成果を上げようとする人間のことは、誰も好きになれません。たとえ不器用でも、裏表なく努力する人のほうが好感度は高いです。

私は昭和46年11月に笑福亭松鶴に入門。まだ小学6年生の子供でした。翌年の2月には、現在もTVで活躍している鶴瓶さんが入門してきました。

落語の話をすると「入門当時の鶴瓶さんは面白かったか」とよく聞かれます。たぶん面白かったのでしょうが、正直、面白いより「まじめ」という印象のほうが強いです。

この鶴瓶さんの「まじめ」は「熱意」と置き換えたほうが良いかもしれません。「必ず落語家の世界で成功してやる！」という熱意です。

落語家の弟子は入門して3年間、師匠の家で炊事、洗濯、掃除、師匠のお世話が仕事です。

鶴瓶さんが入門してすぐの頃に、師匠から煙草を買ってくるように言われました。

鶴瓶さんはわかりましたと言って師匠の家を出て行き、3分後に汗だくになって帰ってきました。

そうです。全速力で走って煙草を買ってきたのです。

師匠の家から煙草屋まで、通常往復10分ほどの距離です。この距離をわずか3分で往復したのです。

鶴瓶さんは真面目だけでなく、陰日向のない方でした。

師匠の家の掃除は弟子たちの仕事ですが、普段は師匠がお風呂や散髪へ行った隙に行います。その日は、師匠と奥さんが外出し、夜まで帰ってきません。

奥さんから家をきれいにしておくようにと言いつかった鶴瓶さんは、掃除機で大まかに掃除したあと、新聞誌をバケツの水に浸け、それを取り出すと部屋のあちこちにまきました。

師匠の家には犬が4匹います。当時の掃除機の性能では犬の毛が取れないので、鶴瓶さんはこのような作業をしたのでしょう。

私を含め、他の弟子たちは、師匠が出かけた隙にゆっくり休むのが当然だったのに、鶴瓶さんは師匠や奥さんが見ていても、見ていなくても精一杯の努力を惜しまない人でした。

鶴瓶さんの今日の成功と入門時のエピソードが関係しているかはわかりません。ただし、この考え方は、運気を上げる原点であることに間違いありません。

『下足番を命じられたら、日本一の下足番になってみろ。そうしたら、誰も君を下足番にはしておかぬ』

この小林一三さんの言葉と、鶴瓶さんのエピソードを合わせると、**運の良い人はどんな仕事にも陰日向なく努力する**という共通項があるのではないでしょうか。

人のいないところで手を抜いて、本人はうまく世渡りしているつもりでも、必ずどこかで誰かが見ているものです。

幸運の女神は、常に努力する人に微笑んでくれます。

25 運が良くなる人は、いつでも手を抜かず一生懸命にやる！

26

運が良くなる人はあるものに感謝し、運が悪くなる人はないものに執着する。

私たちは子供の頃から感謝の気持ちの大切さを、教えられてきました。本、セミナー、あらゆるところで「感謝」の有用性が説かれています。

私が見てきた強運の持ち主は、日常の生活の中で「感謝」することが多いのも事実です。

では、なぜ感謝すると運気が上がるのでしょうか？

答えを話す前に次の事例を見てください。

ある老人が病気で右手が動かなくなりました。いろんな病院で治療を受けましたが治りません。東洋医学の整体やハリ、灸なども試しましたが変化はなく、気功や念力、遂には新興宗教まで回りましたが効果はありませんでした。

右手が動かず悶々とした日々を過ごしていましたが、ある日高僧に出会います。

「どうか私の手を動くように治してください」

「あなたの手は動いていますよ」

「とんでもない、いつも動いてませんよ」

「動いていますよ。よくご覧なさい。あなたの左手は動いているではありませんか！」

一瞬絶句して自分の左手を眺めていた老人の目から涙がしたたり落ちてきました。

「あぁ。自分は間違っていた。自分は動かない右手のことばかり考え、動くほうの手があることに気づきもせず、感謝することもなかった」

老人は反省し、動く左手に感謝の気持ちでいっぱいになりました。そして、右手を優しく撫でていると、動くようになったのです。


なぜ、老人の右手が動くようになったのでしょうか。

そこには宇宙の大きな法則が働いています。

「今、ないものを欲しがり執着する」と、焦りが出て宇宙が味方してくれません。そして「今、あるものに感謝する」と執着が解けて宇宙が味方してくれます。

「宇宙」という言葉を受け入れづらい人は、「自然」に置き換えてください。

老人の右手が動き出したのは、自然治癒力が発動したからです。

老人が動かない右手に執着しているときは、「なぜ自分だけこんな目に遭わないといけないのだ!」というマイナスの感情で支配されていました。

マイナス感情で他責になると、事態はますます悪化します。

感謝できる人、できない人の差は、「責任を自分に引き受けられる人かどうか」ということです。

感謝の気持ちは、事象を前向きに捉えるエネルギーに変化し、逆境をはね除けるバイタリティに変わります。

感謝の気持ちを持たずに自分のことばかり訴える人は、困難な状況になると愚痴を言います。人のせいにします。すると、事象を前向きに捉えることができなくなるので、周囲からの応援や、目に見えないツキが逃げていってしまいます。

感謝の気持ちが幸運をもたらす理由は、もう一つあります。

感謝の気持ちがなくなると、謙虚さを忘れ傲慢になり、人が離れていきます。

例えば、仮にあなたが営業成績トップになったとします。トップになった理由は、本人の努力以外の何ものでもありません。他のセールスパーソンの何倍も働き、工夫し努力してトップになりました。

ところが、たとえ本人の実力の結果であっても、仕事は他の人の力を借りないと目的を達成できません。

ここで「感謝」の気持ちを忘れると、周りがサポートしてくれなくなります。

どんなに実力があっても、周りの人を味方につけないと、連続して成功することはできません。

感謝の裏に隠されているのは、自分だけの力ではないと思える謙虚さだったり、物事のプラスの面を見つけて喜べる前向きさだったりするのです。

運の良い人は、目に見えない人のきずなに目を向けて、感謝することができる人なのです。

26 運が良くなる人は、小さなことでも感謝できる！

27

運が良くなる人は自分を観察し、運が悪くなる人は他人を観察する。

あなたは自分のことをよく知っていますか。

他人を観察するより、自分の観察に時間を割いていますか。


人間は、自分のことはよく知っているようで、実はあまりよくわかっていません。

他人のことはよく観察しているので、誰々はこんなところがダメだ、頑固な性格だ、利己主義な男だなどと分析できます。しかし、肝心の自分のことはよくわかっていないというのが現実です。


運気を高めようと思うなら、「自分を知る」ことです。

「自分を知る」とは、自分から見た自分を知ることではありません。他者から自分がどのように見られているかを知ることです。

「私は一生懸命努力しているのに、まったく評価されない」と言う人を見かけます。確かに自分自身では一生懸命努力しているのでしょうが、他者からはそのように見えていません。

運を引き寄せる人は、自分の立場をわきまえ、自分のとった行動が他者にとっても良いことなのかを考えます。

自分から見ての「自分」と、他人から見ての「自分」は違います。

例えば、あなた（A）が思っている自分と、同僚（B）が思っている自分を見比べてみましょう。

【あなた（A）の自分に対する考え方】

私は毎日会社のために、終電まで働いている。あらゆることを犠牲にしてまで会社のことを思い、努力して一生懸命働いているのに上司は評価してくれない。

同僚のBさんは毎日定時に退社し、自分の趣味のサークルに力を入れていて、会社のことなどまったく考えていない。なのに、上司はBさんを先にマネージャーに昇格させた。

上司は人を見る目がない。自分はなんと不運なんだろう。

では、Bさんはあなた（A）のことをどのように見ているのでしょうか。あなたが終電まで働いていることを評価しているのでしょうか。

【同僚（B）さんから見たあなた（A）】

Aさんは始業時間ぎりぎりに出社し、午前中はボーっとしているか、誰かと無駄話をしている。エンジンがかかるのは午後3時過ぎぐらいからで、みんなが帰る夜8時頃に、急に「忙しい」を連発し、結局終電までに仕事を終えることができない。残業手当がかさむ不利益な社員だ。

その点、私（B）は、毎日朝一番に会社にきて、始業時間までに前日までのたまった仕事を片づけ、日中精力的に働き、定時には仕事を終える。5時からは自己啓発のために人間力を磨くセミナーや英会話教室に通っている。すごく優秀な人間だ。

だから、自分がAさんより先にマネージャーになるのは当然だ。

この例はわかりやすいように極端にしていますが、近いことは日常でよく起きています。

あなたは自分から見た自分はよく知っているかもしれませんが、必要なのは周りから見た自分です。

もしあなたが思っているよりも、他者からの評価が低い場合には、納得できずに理不尽な思いをしているかもしれません。そんなあなたにできることは、何でしょうか。それは素直に自分を観察することです。

あなたを評価しない上司や同僚について、批判すればするほど運気が落ちていきます。

運の良い人は、自分を客観的に観察し間違いを正せる人です。運の悪い人は、他人の欠点を探して批判する人です。

他人を観察するときは、良いところを観察して見習うようにしてください。

そうすれば自然に運気は上昇します。

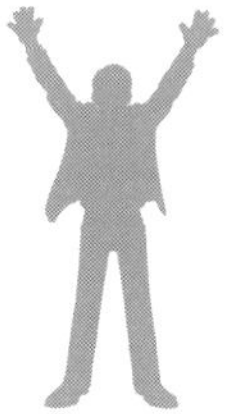

27 運が良くなる人は、客観的な視点で自分を見る！

28

運が良くなる人はプライドを捨て、運が悪くなる人はプライドを守る。

あなたはプライドとは何だと思いますか?

いろいろな解釈があると思いますが、私は、自分自身を信頼して生きるために必要な、要の部分だと考えています。

自分を信頼できなければ、自分の人生を堂々と生きることもできないでしょう。

次のようなものは、プライドではありません。

・先にあやまれば良いのに、あやまれない
・セミナーを開催したけれど、お客様がこないと恥ずかしい
・好きな異性に告白したいけれど、断られるのが怖い

多くの人がプライドと勘違いしているのが、「虚栄心」です。

本当のプライドとは、そんなに小さなものではなく、心の奥底に座っている自分の要となる芯の部分です。あなたが誰かに頭を下げたり、相手を立てたくらいで、その奥底にある自尊心は折れたりしません。

本を読み、努力して、誠実に毎日を精一杯生きているあなたが育てているプライドは、もっともっと強いものなのです。

表向きの虚栄心をプライドと勘違いしてはいけません。

本物のプライドは、あなたがあなたらしく生きたときに育っていくものなのです。

本物のプライドを高めるために日々努力を怠らない人は、運気が上がっていきます。

しかし世の中には、努力することをやめて、虚栄心が強いために、他人を引きずり下ろすことに多くのエネルギーを使っている人もいます。また、自分を大きく見せるために、他人を過小評価する人もいます。

でも、他人の足を引っ張る行為は、運気を大きく下げます。

例えば、相手の批判をしたり、影で悪口を言ったり、必要なときに協力しなかったり、正当な評価をしなかったり……。

私情や一時的な感情で、相手のマイナスになることをしてはいけません。このようなことをすると、必ず運気は落ちていきます。

本来優秀なはずの人物が、他人を引きずり下ろそうとしているのは、とてももったいないことです。

私も上司に反抗し、上司のダメなところを指摘した結果、左遷されました。

以前セミナーで共演した落語家の立川こはるさんに聞いたのですが、前座時代は「どれだけ自分のプライド（虚栄心）を捨てることができるか」だそうです。

落語家の前座は人として扱われません。この屈辱に耐えるには、虚栄心を完全に捨てなければならないのです。

落語家は前座修行をやり、名人と呼ばれる噺家《はなしか》になるために、虚栄心を捨ててきました。

人間にとって虚栄心は必要ですが、捨てることによって得るものがたくさんあります。

第24項で、本田宗一郎さんが町工場の時代に、アメリカ人のお客様がトイレで入れ歯を落としたときの話をしました。

入れ歯を口にくわえて裸で踊ることができる本田宗一郎さんのような方が、真のプライド（虚栄心）を捨てることができる人です。

もちろん運気の非常に高い方でもあります。

あなたも思い切って、変な虚栄心は捨ててみましょう。運気が上がりますから。

28　運が良くなる人は、相手を引きずり落とすような行為をしない！

29

運が良くなる人は掃除が行き届き、運が悪くなる人はものが散乱している。

トイレ掃除をすると金運に恵まれると言います。

あなたは信じますか？

否定はできないけど、なぜトイレ掃除とお金が連動するのかわかりませんよね。

私が金融関係の会社で融資を担当していたとき、融資決定の参考の一つに自宅の整理整頓具合がありました。

まず訪問したときの玄関の様子です。靴が散乱している家、余計なものでいっぱいになっている家があります。

玄関が乱雑な家庭は、中に入っても同様です。整理整頓が行き届いていなく、部屋にはいろんなものであふれています。そういう人はいざ書類に印鑑をお願いしても、どれがどの通帳の印鑑だったかわからなかったりします。

経験上、滞納したり返済不能に陥るのは、このタイプが多かったのです。融資決定の直接の要素にはなりませんが、何か判断を迫られたときに、このようなことを参考にして判断したこともゼロではありません。

トイレ掃除と金運の関係はわかりませんが、整理整頓が幸運をもたらす理由はわかります。

上場企業の某地方支店は、万年予算が未達でトラブルの多い店舗でした。会社の役員連中は土地柄で仕方がないと半ば諦めていました。

あるときその支店に、後に役員にまでなった優秀な35歳の若い男性が、支店長として着任しました。

今まで支店長経験がなかった彼は、着任早々、倉庫に眠っている使わない書類をすべて廃棄して、事務所内を徹底的に掃除しました。

すると不思議なことに、頻発していたトラブルがどんどん減っていきました。そしてトラブルの減少に反比例して店舗の売上が上がり、成績上位店舗に変身していったのです。

事務所の整理整頓ができておらず、事務所に使わないものや、必要のないものがあふれていると、書類の管理もずさんになります。

そうすると書類を探すのに時間がかかったり、紛失の原因になったりします。後ろ向きの作業に時間が取られるとモチベーションが上がらず、本来の営業成績にも悪影響が出てきます。


このように、**運の良い人の家や事務所は、きれいに掃除し整理整頓されています。**


部屋をきれいにするために実際に私が実行した方法をお話しします。

掃除を継続するポイントは、

①トリガーを決める（掃除をするきっかけ）
どのような状態のときに掃除をするか決める。

私の場合は事務所に着いたらすぐにやると決めました。

②習慣化する（継続できるボリュームにする）
私の場合は負担がないように「1日21分」と決めることで習慣化することができました。

スマホでタイマーを設定し、21分経過してアラームが鳴ったら途中でもやめます。最初のハードルが高いと途中で挫折しますので、1日5分とか10分とか負担なく実行できるように設定してください。

③ フィードバックする

できた日はカレンダーに「○」をつけることにより、脳に頑張ったことをフィードバックします。すると脳に「小さなワクワク感」が生まれます。

この方法を実践し、最初の3日間はどこを掃除したのかわからないような状態でしたが、7日目あたりからみるみるきれいになっていきました。10日目には事務所がピカピカになり、そのあとも欲が出て今日まで続けています。掃除をする場所がなくなり、今ではトイレの床や洗面上の排水管や鏡をピカピカにしています。掃除する場所を探す楽しみも増えました。きれいに片づいたピカピカの事務所は気持ち良く仕事もはかどります。

幸運を勝ち取るために、あなたもぜひ一度試してみてください。

29 運が良くなる人は、整理整頓がうまい！

30 運が良くなる人は先人の知恵に学び、運が悪くなる人は自分の経験に頼る。

あなたは勉強が好きですか。嫌いですか。

世の中、勉強が嫌いな人のほうが多いのではないでしょうか。

日本人の多くは、学校を卒業すると勉強をしなくなります。

私も学校を卒業して仕事をはじめたら、とたんに勉強をしなくなりました。

仕事が終わってからは、上司や先輩との飲みニケーション。休日は日頃の疲れの休息。

勉強はまったくしません。同僚や先輩も同じです。

今考えれば、とてももったいないことをしたと思っています。

学生時代の勉強は暗記が中心で、ひたすら数字や語句を覚える作業。こちらは確かに面白くないかもしれません。しかし、社会人になってからの勉強は、ものの考え方を学んだり、先哲の生き方を学んだりして、自分の人生やビジネスの参考にする勉強です。

中でも、いつでも、どこでも学べる読書は、お金も安く効率的で勉強するには最適の方法です。

ドイツの学者オストワルトは、かつて「偉人や成功者たちに共通していることは何か」を調べた結果、二つの共通項を見つけました。

① プラス思考

② 読書家

①のプラス思考については、別の項でも説明しているので省きます。

成功者に共通する読書とは、いったい私たちに何を与えてくれるのでしょうか。

本の利点はたくさんあります。

本を読むことにより知恵、情報、洞察力を与えてくれます。また、精神を高めることもできます。先哲の経験を本の数時間で自分のものにできるのです。こんなにありがたいことはありません。

「私は本などに頼らず自分の経験だけで成功する」とおっしゃる人もいるかもしれませんが、人間が一生のうちに経験できることはたかが知れています。文化文明はすべて過去の知識を上書きしたものばかりです。科学も哲学も例外はありません。

「本を読む時間がない」という話はよく聞きますが、「テレビを見る時間がない」という話はあまり聞きません。

本とテレビの決定的な違いは、本は能動的で、テレビは受動的だということです。テレビは何も考えなくても情報を提供してくれますが、本を読む行為はこちらから能動的に行動しなければなりません。

この「読む」「考える」「整理する」行為により、思考能力が高まります。

また、**素晴らしい本との出会いは人生観を変えてくれます。**ですから、時間を捻出してでも極力本を読むことをお勧めします。

読書の利点は次の3点です。

①教養が身につく

②思慮深くなる

③ 人間力が高まる

本書に何度か登場した、ＳＢＩホールディングスの北尾社長は、60歳を超えた今でも、毎朝４時に起きて早朝の２時間を読書に費やしておられます。

困難な状況に遭遇したとき、読書から学んだ先哲の生き方を参考にして判断されます。

北尾さんは運気を高める、決断力、行動力、直観力を読書から得ておられるのです。

先ほども話しましたが、人間が一生で経験できることには限界があります。人の寿命は長くて１００年ほどです。しかし、本には何千年前からの先哲の考えや経験が詰まっています。

私たちが日頃悩んでいることや、わからないことは、必ず過去に誰かが同じ問題を抱えているのです。それらの問題の解決法や、行き着く先が本には書かれています。

30 運が良くなる人は、本をよく読む！

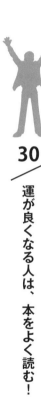

第4章

運が巡ってくる
コミュニケーション 編

31

運が良くなる人は「運が良い人」に近づき、運が悪くなる人は「運が悪い人」と群がる。

あなたが日頃一緒にいる人を思い出してください。

その方は「運を引き寄せる人」ですか。それとも「運に見放される人」ですか。

運を引き寄せる人は、常に前向きの発想をしています。違う言葉に言い換えると、一つの事象を捉え、どのようにすればうまくいくかを考えます。

運に見放される人は、同じ事象でもうまくいかない場合に環境や他人のせいにします。

そうすると、つい愚痴や人の悪口が出てきます。

運気を上げるには、幸運体質になる必要があります。

そのためには、**すでに幸運が宿っている「人」「もの」「場所」に近づくことが得策です。**

運の良い人の習慣に触れるのが一番効果があります。

ビジネスの世界でも、スポーツの世界でも、一流の人は、一流の人とつき合います。逆も真なりで、うだつの上がらない人はやはり同じような人と食事に行ったり、飲みに行ったりします。

人間性の良し悪しの話をしているのではありません。一流になりたければ一流の人のそばへ行き、一流の考え方を身につける必要があるのです。

私が全国約2000人の営業マンの中で、最下位から6カ月後に全国トップになった話をします。

別に自慢話をしたいわけじゃなく、ほんの少し考え方を変えるだけで、ほんの少し行動を変えるだけで、トップ営業マンになれたということを知ってもらいたいのです。

当時私は日本信販（現三菱UFJニコス）に勤めていました。

1989年のバブル絶頂期の頃、大阪の枚方支店から当時売上高全国1位の東京・新宿西口支店に異動になりました。ところが、東京の営業精鋭部隊の中では太刀打ちできず、全国最下位の不名誉な記録をいただきました。

そんなとき、ある人から「幸せになりたければ、幸せな人のそばに行きなさい。営業成績を上げたければ、トップ営業マンのそばに行きなさい」と言われました。

全国最下位のときの飲み友達は、みんな営業成績が低迷していました。ここでの話題はもっぱら上司、同僚、会社の悪口か過去の栄光の自慢話でした。


助言に従い営業成績上位の人たちとつき合いはじめると、話題の違いに驚きました。成績上位の人たちの飲み会では、悪口やマイナス思考の発言が出てこないのです。

成績下位の人たちが欠陥商品とぼやいていた同じ商品を、成績上位の人は魅力的だと言いました。どのお店に提案すれば売れるかと話し合っています。

人の悪口や自慢話をしているとアイディアが出てきません。自分の成績が悪いのは周りのせいだと考えてしまうからです。

一方、成績上位の人からは次から次にアイディアが出てくるのです。物事を前向きに捉えているからです。

この成績上位の人たちとつき合っていた中で生まれたアイディアを実践すると、成績が急上昇しました。

全国1位はできすぎです。

でも、あのまま下位の人たちと一緒にいたら、予算未達の世界から抜け出せなかったでしょう。

あなたも幸運体質になるために、運の良い人に近づくようにしてください。

運の良い人がどのような場所に行き、どのような言葉遣いをしているか観察してみてください。きっと違う世界が見えてくると思います。

最初は近寄りがたいかもしれませんが、きっかけを見つけて話を聞いてみましょう。

「幸運」は伝染します。

31 運が良くなる人は、運が良い人から幸運を分けてもらう！

32

運が良くなる人はしてあげたことを忘れ、運が悪くなる人はしてもらったことを忘れる。

人間は、自分が他人にしてあげたことはよく覚えています。

逆に他人からしてもらったことは、簡単に忘れてしまうものです。

でも、他人にしてあげたことを忘れるほうが、運気は上がります。

他人から恩義を受けたら感謝し、いつまでも覚えていて、機会があったらお返しをしてあげれば、良い運気が循環します。


Aさんは怒っていました。

理由を聞くと、姪の高校生のB子さんにおこづかいを500円あげたのに、お礼の電話もメールもないとのことです。

B子さんの父親がこの話を聞いて、娘に注意しました。

するとB子さんは、「確かにお礼を忘れていたことは悪かった」と認めました。しかし、次に出た言葉が驚きです。

「叔母さんも、たかが５００円ぐらいでお礼がないと怒るのは大人げない。もう二度とおこづかいなんかいらないと伝えておいて」

この話は何を物語っているのでしょう。

Aさんは、姪におこづかいをあげました。あくまで善意の行動です。

しかし、その見返りに感謝を要求しました。してあげたことを覚えていてお礼がないことに怒りました。せっかくの善行が台無しです。

このようなことは日常でよく起きています。人にしてあげたことを自慢する行為も同じです。

感謝を強要するのではなく、「自分がしたくてしたことだから」と思ってみてはいかがでしょうか。感謝は自然に湧いてくるもので、強要して得た感謝の言葉は作りものになってしまいます。

相田みつをさんの言葉に、

あんなにしてやったのに
「のに」がつくと愚痴が出る

という名言があります。

あなたが他人に何かをしたとき、感謝を期待せずに行為そのもので完結させてください。

相手の行動は自分の力ではコントロールできません。コントロールできないことで怒るのはもったいないです。

他人からしてもらったことは、忘れずにお返ししましょう。

芸能人が出世しても売れない頃にお世話になったお店をひいきにしている話は、心が温まり微笑ましいですよね。

銀行に勤めるBさんは、お世話になったお客様を大切にします。

お世話になった散髪屋さんに、転勤後も1時間以上かけて通っていました。

お中元、お歳暮も必ず取引先から注文します。インターネットで調べれば、もっと安いお店はあるはずなのにです。

このような、**お世話になった人への感謝の気持ちを忘れない人に、運気は訪れます。**

逆に成功すると、昔お世話になったことなど忘れてしまう人もいます。

地方から上京してきたＡさんは、訛りがきつく営業成績が上がりません。

そんな彼を同僚や先輩が一所懸命応援し、Ａさんは常に営業成績上位にランキングされるようになりました。

ところが成績上位でちやほやされだすと、昔応援してくれた仲間を見下すようになりました。地方から入社した新人をいじめたりもしました。そんなとき、部下のコンプライアンス違反が発覚し、Ａさんは地方に左遷されました。

直接Ａさんが問題を起こしたわけではありませんが、社内で誰一人Ａさんを擁護する人がいなかったのが運の尽きです。

成功している人は、ご縁とご恩を大切にします。

32 運が良くなる人は、感謝の気持ちを忘れない！

33 運が良くなる人はいつも見られていると思い、運が悪くなる人は他人の目に気づかない。

あなたは、他者とうまくコミュニケーションがとれていると思いますか。

上司や同僚との関係は完璧ではないにしても、適時おべっかを使い、親切にしていると思っているかもしれません。

でも、実際はうまくコミュニケーションをとっているのは、自分に影響力のある人だけです。

人はうまくコミュニケーションをとりたい相手を、意識、無意識問わず、自分にメリットがある人に限定しています。そして多くの人が、自分にメリットがない相手には無関心です。さらに、平気で横柄な態度をとりがちです。

実は、この**無関心の相手とのコミュニケーションが重要なのです。**

ある会社のセミナーで受付をしていた女性がいました。割と地味なタイプの女性でしたので、皆、注意を払わずにいたのです。

しかし実はその女性、主宰者の社長の一番の右腕でした。

その女性は受付をしながら、お金をきちんと両手で出しているか、書類を受け取るときに丁寧に両手で受け取るか、きちんと頭を下げて挨拶するかを観察して報告していたのです。

誰にでも丁寧に対応する人は、相手が誰であっても同じように接するでしょう。でも、利害がないと頭を下げないような人であれば、会釈もせずに、書類を片手で奪うように受け取るかもしれません。

あなたの目に見えないところでも、あなたの言動や評判が話されています。

あなたに大事に扱われていないと感じた人が、誰かにそのことを話せば、聞いた人がそれをまた誰かに話して広がっていくのが、目に見えないネットワークの力です。

ですから、**あなたにとって重要でない相手を邪険に扱ってはいけません。**

目に見えないネットワークの力は膨大です。

元アメリカ大統領のビル・クリントン氏も、ホワイトハウスで働く3000人の名前とバックグラウンドを覚えたと言われています。GEのジャック・ウエルチ氏もCEO在任中に3000人の社員の名前を覚えました。

Mさんは自ら人の名前を覚えるのが得意だと豪語しているのに、なぜか評判が良くありません。彼のパーティーに参加した人は、何度お会いしても名前と顔を覚えてくれないとこぼしていました。

Mさんは確かに名前を覚える天才です。ただし、自分に恩恵がある人、お金や権力のある人の名前はすぐに覚えますが、そうでない人の名前は最初から覚える気がないのです。このような裏表のある行動は目に見えないネットワークを通じて、あっという間に広がります。名前を覚えてもらえずに自己重要感の下がった人が、いろいろなところで噂を広めるため評判が悪くなるのです。

人のネットワークは驚くような繋がりがあります。

例えば、6次の隔たりと呼ばれている実験があります。世界中の誰にでも6人の紹介を経れば、その人にたどり着くというものです。

どんな人にも、その人の後ろに6人から20人の親密な関係の人が隠れています。そしてその6人から20人の人の後ろにも親密な関係の人がいます。

「風が吹けば、おけ屋がもうかる」のたとえ話ではありませんが、誰がどこで繋がっているかわかりません。

コミュニケーションの舞台構成の大半は、あなたが見えていない世界です。

そしてあなたのとった行動は、ほとんどの人が知っています。知らないのはあなただけと思って良いでしょう。なぜなら、あなたにとって重要な人も、あなたにとって重要でない人も、同じようにあなたの評価を話しているからです。それが見えないコミュニケーションの力です。

運の良い人は、目に見えないネットワークの重要性を認識しています。目に見えないネットワークの軽視すると、運がどんどん遠ざかります。

33 運が良くなる人は、人によって態度を変えない！

34

運が良くなる人は相手の優越感を引き出し、運が悪くなる人は自分が優越感にひたる。

運の良い人の特徴はよく笑います。

「笑い」と「幸運」がダイレクトに結びつかないように思いますが、大いに関係性があります。

笑いが幸運をもたらす理由は二つあります。

一つ目の理由は、**「笑い」は相手に好意を示す**からです。

幸運は人との縁によって生まれます。良縁に巡り合うためには敵対するより、好意的なほうが良いのは誰も異論がないでしょう。

人間の本質は敵対ではなく友好です。他者と仲良くしたいという本能が人間のＤＮＡの中に組み込まれています。

人に対し微笑みを持って接することは、その人に大きな喜びを生じさせます。なぜなら微笑みは、「あなたを尊敬している」というジェスチャーだからです。

笑顔でいることとは、人間の本能に逆らわない生き方です。本能と自然に逆らわないことが運気を上げる基本です。

二つ目の理由は、**「笑い」は相手に優越感を与える行為**だからです。

漫才や落語を聴いて愚かな話を笑うのは、自分はそんな馬鹿なことはしないと思って、安心するからです。

心理学では、笑いの80%は優越心の表れであると言われています。

この種の笑いを得るには、失敗談を話すという方法が有効です。

プレゼンテーションが苦手な部下に対して、

「君のプレゼンはまだ良いほうだよ。私の若い頃なんて話が下手で、しかもあがり症で自分でも何を言っているかわかんないぐらいだったよ。あまりひどいので一番前に座っていた取引先の部長が見かねて、私のかわりに説明をはじめちゃってね。そうするとその日の予約注文が殺到しちゃって（笑）。

次回からはプレゼンは、一番前に座っている人にかわってもらうようにしたよ（笑）」

これは相手に優越感を与える笑いです。部下が若い頃の部長よりは自分のほうがマシだと思うことにより、優越心が高まります。

この話をすると部下に軽んじられ士気にかかわるのではないかと心配する方もいらっしゃいますが、その心配は不要です。

このように、自分を落とすことができる上司に対して部下は信頼を高めます。

笑いのとれる人は、どこでも人気者です。あなたの周りでユーモアに長けている人は、相手に優越感を持たせるような話をしていませんか。

自分の失敗談や上司や妻から叱られた話を面白おかしく話せる人が、相手の優越感を高めることができる魅力的な人です。

相手の優越感を高める笑いによって、一つ目の「好意を示す笑い」を高める効果もあります。

さらに、良い情報、良い人脈は自分が好意を持っている人に紹介します。つまり、**笑いをとれる人は、自動的に相手から好意を引き出し、良い人脈と情報が手に入り運気が上が**

る仕組みになっています。

この行為の逆が、自慢話や自分の成功談を話す人です。

先ほど例に出したプレゼンテーションが苦手な部下に対して、

「私は若い頃からプレゼンが得意で、私がプレゼンすると、その日の予約注文が殺到しちゃって」

このような話をする人は他人から疎まれ、人が離れていきます。

運気もどんどん下がっているにもかかわらず、お構いなしで話し続ける人があなたの周りにいるのではないでしょうか。

くれぐれも「自慢」で運気を落とさず、「笑い」の効果を理解して運気を上げていきましょう。

34 運が良くなる人は、自分の失敗を面白おかしく話せる！

35

運が良くなる人は敵を減らし、運が悪くなる人は味方を増やす。

すべての人から好かれている人は稀です。逆に、すべての人から嫌われている人も少ないでしょう。私たちがコミュニケーションを築く上で、どうしても敵と味方が混在します。

それなのに、**誰からも好かれようとする人は、残念ながら運を引き寄せることができません。**

なぜなら「人から良く見てもらおう」と無理をするからです。無理をすると体に過度の緊張が走ります。

運気は緊張状態で逃げていき、リラックス状態のときに引き寄せられます。

無理に味方を増やそうと神経をすり減らす必要はありません。

どんなに努力しても、一定数はあなたのことをよく思ってくれないからです。人間はそれぞれ性格も立場も考え方も違います。全員が味方など、幻想の世界です。

味方の行動は、比較的わかりやすいです。ほとんどの味方は、利害の範囲で協力してくれたり、応援してくれたりします。

ただし、利害を超えて応援してくれる人はほとんどいません。

こんな話をすると寂しいですが、事実です。あなたとつき合うメリットの範囲内でしか協力してくれません。

このように割り切ることができれば、自分を犠牲にしてまで人に好かれるための行動をしなくてすみます。

もちろん、利害を超えてあなたを応援してくれる親友もいるでしょう。このような親友は多いに越したことはありません。利害を超えて応援してくれる親友は、あなたの運気を上げてくれます。

気をつけて欲しいのは、「敵を作らないことです」。

一般的に、味方は利害の範囲で応援や協力をしてくれますが、敵は利害を超えて攻撃してきます。

自分の得にならなくても極端な話、命がけで足を引っ張ろうとしてきます。

ここで言う敵を作らないとは、

「敵を作らないように気をつけてください」

ではありません。

日常の業務で部下を厳しく叱ったり、部署間の軋轢は仕方がないことです。どうしても敵になることもあるでしょう。

私があなたに知って欲しいのは、

「わざわざ敵を作る行動をしないでください」

ということです。

35年のサラリーマン生活でわかったことは、自分自身も含め無駄に敵を作る行動がいかに多いかということです。無駄に敵を作ると運気が大きく衰退します。


例えば、書類の間違いを指摘する場合、間違っている箇所を指摘すれば良いところを、感情まで伝えてしまうような場合です。

「この書類の見積金額が間違っていますよ。以後気をつけてください」

これは事実ですから構わないのですが、

「この書類の見積金額が間違っていますよ。あなたは何をやらせてもだらしがない。きっと親の躾《しつけ》が悪いのでしょうね」

このように事実を超えてここまで感情的に話すと、相手は恨みを持ちます。この**恨みが蓄積されると、いつか仕返しをしようというエネルギーに転換される可能性があります。**

もちろん大半は何事もなく過ぎ去りますが、この恨みが爆発したときには、かなりのダメージを被ります。

誰にでも迎合しておどおどする必要はありませんが、無駄に敵を作る行動は控えてください。

無駄な敵を作って人生を大きく狂わせた人を、何人も知っています。

35 運が良くなる人は、妬まれるような行動をしない！

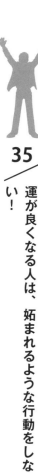

36

運が良くなる人は好きな相手とつき合い、運が悪くなる人は嫌いな相手と食事をする。

あなたの交友関係を思い起こしてください。

その中に、意見の合わない人、一緒にいるとエネルギーが吸い取られるような人はいませんか。

「誰とでも仲良くしなさい！」と、子供の頃にお母さんや学校の先生に言われた記憶があるかと思います。

確かに誰とでも仲良くするのは素敵なことですが、運気の面では上策ではありません。

我慢して人づき合いをしていると運気が逃げていきます。

だから成功者と呼ばれる人は例外なく、つき合う人を厳選しています。

こんな話をすると冷たい人間と思われそうですが、あえて言わせていただくと、**自分の感情を押さえてまで他人に迎合すると運気が奪われてしまいます。**

人に嫌われたくないのは誰もが共通に持つ心理です。でも、世の中で誰からも好かれている人など存在しません。

私も30年以上サラリーマンをやってきて、全員から好かれることは不可能と気づきました。どんなに努力しても、誠意を持って接しても、私のことを嫌う人はたくさんいました。

Sさんには就職の斡旋をし、入社後も水面下で応援してあげていたのですが、人づてにSさんが私のことを嫌っているのを知ってショックを受けことがありました。

「横山さんは親切そうにしているが、内心は腹黒い人間だ」と吹聴していたのです。

よくよく考えれば、誰からも好かれるなんて幻想の世界です。

私たちがコントロールできるのは自分だけです。人の感情はコントロールできません。

コントロールできないことにエネルギーを使うと大切な良いエネルギーを放出し、運気が下がります。

私も、「誰からも好かれることなどありえない」、この事実を受け入れることで、人の感情を気にしなくなりました。

同じ言葉を発しても、人によって受け取り方が違います。

私が部下に「頑張れよ」と言ったとします。この言葉を応援してくれていると感じる人もいれば、自分の成績が悪いのでハッパをかけられていると感じる人もいるのです。

人間は完璧を手放すと運気が上昇します。誰からも好かれたいというような完璧を目指すのは、自分を苦しめるだけで実現しない世界です。

「誰の友にもなろうとする人は、誰の友でもない」。これはドイツの作家プフェッフェルの言葉ですが、真理だと思います。


私も断るのが苦手で、気乗りしない相手との飲み会や、パーティーに参加して時間を無駄に使ったことがたくさんあります。「同じ時間を使って、家で本でも読んでおけば……」と後悔の繰り返しでした。

あるとき、気乗りしない相手からの誘いを断れず食事に行きました。

相手は延々と自分の話ばかりするので閉口していると、話を真剣に聞いていないと絡んできて、あまりにも傍若無人なので席を立って帰りました。

彼との食事で、お金と時間が無駄になっただけではありません。後日、その彼がいろんなところで私の悪口を吹聴していることを知り愕然としました。数年経っても彼と友達ですかと聞かれることがあります。

このように苦手な相手と無理してつき合うと運気を落としますので、気をつけてください。

嫌いな相手と無理につき合う必要はありませんが、人を好きになる努力はしたほうが良いです。嫌いな相手を極力少なくすることは大切です。

心理学の世界では「人は誰かに好かれると、その人に好意を持つ」と言われています。

人の欠点やあら探しをすると、一時的に優越感を持つかもしれませんが、運気は落ちていきます。

人を嫌いになっても何の得にもなりません。嫌いな相手を少なくし、多くの人と楽しい時間を過ごすことが幸運の秘訣です。

36 運が良くなる人は、誰とでも仲良くなろうとしない！

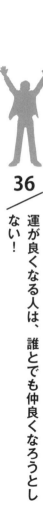

37

運が良くなる人は怒ったら行動せず、運が悪くなる人は怒ったまま行動する。

あなたは短気なほうですか。穏やかなほうですか。

怒りの感情のまま行動すると間違いなく運気を落とします。

そして、怒りの感情のときに行動を起こすとうまくいきません。

怒りの感情をなくしなさいと言っているのではありません。

怒りは感情なのでなくせないのです。


私は怒りの感情に任せて行動し左遷されました。大切な友人もなくしました。

怒りの感情のまま行動すると、相手の一番傷つく言葉を選択します。関係が親しければ親しいほど、相手の傷つく言葉を使って攻撃しようとします。

この行動は冷静になったときに必ず後悔します。あなたがそのあと謝罪しても、忘れていても、傷つけられた相手は一生覚えています。

怒りの対象の70％は「人」です。

人が何かをしたり、人が何かをしなかったことによって、怒りは起こります。

そして**怒りは、自分が正しく、相手は間違っているという前提からはじまります。**

人間は、自分の考えていることだけが正しいと勘違いしています。相手も同じように自分の考えが正しいと思っています。

なぜなら、世の中、何が正か、何が間違いかは、置かれた立場や環境によって変わってくるからです。

戦争が起こるのはそのためです。それぞれの国が自分たちの考えだけが正しいと思い、間違っているほうを正そうとするところから争いがはじまるのです。

ここで私が言いたいのは、道徳観や宗教観ではありません。

あなたが怒りをぶつけた相手は、著しく自尊心が低下するという事実を知っていただきたいのです。

運は人との縁により生まれます。自尊心を下げられた相手があなたに良い縁を運んでく

れることはありません。逆に報復を企てることもあります。

怒りの感情が湧いたときは、少なくても数分間、できれば翌日までアクションを起こさないでください。

怒りの感情が出てきたら、何のアクションも起こさず、適当な言い訳を作ってその場から離れましょう。

そして感情が鎮まったら、相手がなぜあのような行動をとったのか、冷静に考えて欲しいのです。

相手の言動は自分の鏡と思って間違いありません。あなたが相手にしたことと同じことが相手から返ってきます。その導線は今日の出来事だけではなく、過去のあなたの行動も含まれていることもあります。

相手の気持ちが理解できるくらい冷静になれば、あなたの怒りも収まっているでしょう。

運気の面では怒りはマイナスですが、怒らないといけないときもあります。

あなたやあなたの大切な人が侮辱されたときは、怒りを強く表現しても構いません。

世の中には一定数、相手の気持ちを理解できない人がいます。この人たちに笑顔を振りまいたり、怒りを我慢したりしていると、相手はますます増長し、あなたを低く見ます。自分が不利な状況に追いやられたときも同じで、ハッキリと自分の意志を伝える必要があります。

利己主義の相手の見分け方は、その相手の過去の行動を思い出してください。利己主義な人は使い分けがうまくできないので、いつも自分に有利な行動をとっています。つき合いが浅くてわかりにくいときは、その人の周りにいる人に聞くのも一つの手段です。基本的には怒りは運気を下げますが、自分を守るために必要なときもあるのです。

運気を上げるためには、怒りの感情をコントロールしましょう。

37 運が良くなる人は、冷静に怒れる！

38

運が良くなる人は臨機応変、運が悪くなる人は常識にとらわれる。

あなたは常識にとらわれるほうですか。

それとも臨機応変に対応できるほうですか。

運気の面では、臨機応変に対応できる人に軍配が上がります。


私が落語家の修業時代に、雪駄《せった》（草履《ぞうり》）の並べ方でめちゃくちゃ師匠に怒られたことがありました。

師匠がお出かけのときに、その日に履く雪駄を揃えるのも弟子の仕事です。

入門間もない頃、私が雪駄を揃えて並べると師匠が烈火のごとく怒りました。最初はなぜ怒られているのか、わかりませんでした。

兄弟子から事情を聞くと、師匠は大柄なので雪駄を揃えて並べると履きにくいので、30センチほど間隔を空けて並べるのが良いとのことでした。

大相撲の相撲取りをイメージしていただければわかると思いますが、あの巨体で雪駄をくっつけて並べると確かに履きにくい。30センチほど間隔を空ける意味がわかると思います。雪駄は揃えて並べるのが常識かもしれませんが、相手に合わせて臨機応変に対応することの重要性を教えてくれる教訓でした。

石田光成の「三献の茶」の話は有名です。

長浜城主となった秀吉が、領内で鷹狩をしていました。その帰途、のどが渇いたので、ある寺に立ち寄ってお茶を所望したところ、対応した小姓が最初は大ぶりの碗に温めのお茶を一杯入れて出しました。次にやや小さめの碗にやや熱めのお茶を。そして3杯目は小ぶりの椀に熱くたてたお茶を出しました。喉が渇いている相手に、まずは飲みやすい温めの茶をたっぷり出し、渇きが癒えたあとに熱い茶を味わってもらうためです。

相手の様子を見て、その欲するものを出す。この機転に感動した秀吉が城につれて帰り家来にしたという逸話があります。

一般常識より、相手の立場や状況によって臨機応変に対応できる考え方が、幸運を招きます。

ビジネスの世界でもこの機転と、心配りの重要性は同じです。

会議での発表場面で、前の人の話が時間が延びていたら、自分の話を短くできる人は運気が上がります。前の人の話が延びていてもお構いなしで、自分の決められた時間通りに話す人は運気を落とします。なぜなら、状況も顧みず長々と話す人は、人の縁が遠ざかるからです。

心配りができる人は、どんな場面でもそれができます。

逆に誰かに好かれたいがために行動する人は、意識しているときはできますが、無意識のときは思いやりのない行動をとるものです。

機転を利かせるようになるには、訓練が必要です。

毎日同じことを繰り返しているだけでは、その力は磨かれません。

人気のあるカフェでは晴れている日と雨の日に、出すメニューを変えています。さらに、寒い日には熱いおしぼりを、熱い日には冷たいおしぼりを出すのです。

全国チェーンのレストランの店員が、お客が帰って誰もいないテーブルに向かって「こちらのお皿をお下げしてもよろしいでしょうか？」と聞いていたというのを耳にして、笑い話ではすまされないと思いました。

以前、家の近くのラーメン店に入りました。

７１０円のラーメンと２４０円の餃子を注文しました。ラーメンを食べながら、目の前のランチメニューを見ると、ラーメンと餃子のセットが７２０円になっています。

レジで支払いするときにランチセットに変更できるか訊ねると、

「いえ。お客様は単品で注文されていますので」

と、変更できませんとの返答。

仕方なく９５０円払って出てきました。なんとなく損した気分になり、二度とそのお店に行く気にはなりませんでした。

心配りを忘れずに、変化に敏感になれば、不測の事態にも臨機応変に対応でき、さらに運気がある人になれるでしょう。

38　運が良くなる人は、気配り上手！

39

運が良くなる人は言われることを想定し、運が悪くなる人は言われたことしかしない。

運が良いお店の特徴は、「お客様の期待以上」のことができているお店です。
お客様の期待を超える「味」
お客様の期待を超える「価格」
お客様の期待を超える「雰囲気」
お客様の期待を超える「おもてなし」
人に置き換えても同じです。運を引き寄せる人は、相手の期待を超えることができる人です。
豊臣秀吉が織田信長の草履を温めていた話は有名ですね。寒い冬に温かい草履のほうが嬉しいだろうと考えた上での行動です。
第25項で笑福亭鶴瓶さんの煙草のおつかい、新聞紙を濡らして掃除をした話をしました。鶴瓶さんも、常に相手の期待以上のことをしていました。

このように、相手が期待している以上のことを続けていると、自然と運気が高まります。
まず最初は、「言われることを想定する」ところからはじめてください。

逆に運に見放される人は、次のような人です。

① 言われたことしかしない
② 楽をして仕事をしようとする
③ 続かないという性格を直さない
④ すぐにふてくされる

これは「人間学」を追求し続けている雑誌『致知』を33年間発行してこられた、致知出版の藤尾社長が何千人もの成功者と対談し、成功しない人に共通する四つの特徴をまとめたものです。

講演でこの話をすると、
「上司の指示をこなすだけでも大変なのに、それ以上のことなどとてもできません」

という答えが返ってきます。

言われたことだけやっていると、完璧にこなした状態が「言われたこと」です。そうすると、「言われたこともできない」事態に陥る可能性が高くなります。

相手が何を望んでいるか、ほんの少し考えればヒントはたくさんあります。

例えば私がSBIグループにいた頃、部下から回ってくる稟議書の枚数が多く、ホッチキスがきちんと留まらずに先が浮き上がっているものが多々ありました。

その中で、A君の作成した稟議書は、ホッチキスを留めた上からセロハンテープを何重にもして貼ってあったのです。これなら、ホッチキスの先がテープで防御されていて、指を傷つけることはありません。

私が指を怪我して血を流しているシーン(少し大げさですが)を目撃した部下はたくさんいます。でも、そのあと、テープを貼ってくれたのはA君だけでした。

言われたこと以上というのは、具体的にどういうことを指すのでしょうか。

それは、**相手を思いやる気持ち、相手を喜ばせたいという気持ち、そのものがプラスア**

ルファの行動を生むのです。

あなたはレストランを探すのが得意だとします。もしあなたが好きな人から良いレストランを教えてもらえないか、と頼まれたらどうしますか？

何を目的として訪れるのか、何人で行くのか、どんな雰囲気が良いのかなど、いろいろと聞いた上で、一番良いレストランを教えてあげたいと思うのではないでしょうか。

これがもし仕事で、あまり好きでもない上司から依頼されたら、とりあえず検索して一番上に出てきたお店を予約するようなことはないでしょうか。

仕事で相手のことを考え、喜んでもらおうとする姿勢を続けると、相手はあなたに好感を抱き、良い情報と良い人脈を紹介してくれるので、運気が大きく向上します。相手は何を望んでいるのか、どうすれば相手が喜ぶのかを想像するだけで、仕事の結果が変わってくるのです。

39 運が良くなる人は、相手が望んでいることを察知できる！

40

運が良くなる人は他人にプレゼントし、運が悪くなる人は自分にプレゼントする。

今、1万円が手渡されました。今日中に使わなければいけません。
あなたならどのように使いますか。

①欲しかったシューズを買う
②母親が欲しがっていたマフラーを買う
③友達と一緒に食事へ行く

同じ1万円を使っても、使い方で価値が大きく変わります。

自分のためにお金を使うことが悪いわけではありませんが、**運気を高めるには人のためにお金を使うことをお勧めします。**

なぜ人のためにお金を使うのが良いかというと、人のためにお金を使うとお金の価値が上がるからです。

人間には「感覚順応」というものがあります。

どれだけ欲しかったものでも、手に入れてしまえば飽きてしまいます。より優れたもの、高価なものを求め、欲求はエスカレートしていきます。

一方で、人にプレゼントをする行為は「人に喜んでもらうこと」に結びつきます。

人間は人に喜んでもらったときに最高の脳波が出ます。それが快感となり、喜びとなりお金の価値が上がります。

また、プレゼントされた相手も喜びが倍加します。

あなたも、自分で花を買うより、人から花をもらったほうが嬉しいですよね。喜んでくれた相手は、あなたにお返しをしようと考えます。この相乗効果で運気が高まるのです。

ものを買うのと、体験にお金を使うのとでは、運気の面では体験にお金を使うほうが良いです。

お金を自分のためだけに使っても一時的にしか満たされませんが、誰かと食事に出かけたり、旅行に行くなどの「体験」に使うことは、人と喜びを共有することになり、あなたの運気を高めてくれます。

従って、冒頭の質問で③と答えた方が一番運が良くなります。

食事に行く、コンサート、映画、芝居を観に行く、休暇旅行に出かける、ゴルフを習うなどなど、他の人と一緒に体験を共有したり、あとで他の人に話して聞かせることができることであれば、何でも構いません。

どんなに欲しいものであっても、買ったときが一番興奮します。手に入ると段々と熱が冷めていくのが人間の性です。

体験は、そのときの楽しかった思いが余韻として続きますし、人と楽しさを共有することで心の繋がりも生まれます。二次的、三次的な喜びを産み続けるでしょう。

また、**お金がなくても、人に親切な行為をすれば運気は上がります。**献血をしたり、仲間の仕事を手伝ってあげたり……。感謝の言葉を言っても運気は上がります。

そして、親切な行為は他の人に伝染します。

人に親切にしてもらうと、その親切を他の人にしてあげようとするそうです。

ある男性がコンビニでジュースを買おうとしました。

レジに持って行くと、財布を家に忘れてきたことに気がつきました。

それを見ていた見知らぬ女性が、そっとお金を出し「よろしければどうぞ」と差出しました。男性は恐縮しながらそのお金でジュースを買いました。

お店を出ると自転車が何台か倒れています。

その男性は倒れていた自転車をすべて起こして帰っていきました。普段なら自分が倒した自転車でない限り通り過ぎるのですが、人から優しくしてもらったので、そのお返しをしたのです。


なお、人のためにお金を使うときに金額の大小は関係ないそうです。

今日、会社の帰りに３５０円のケーキを奥様に買って帰ってあげれば、間違いなく運気が高まりますよ！

40 運が良くなる人は、たくさんの思い出を作りに行く！

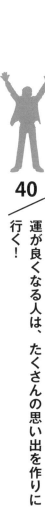

第5章

運を引き寄せる話し方・伝え方 編

41

運が良くなる人は沈黙し、運が悪くなる人はよく話す。

あなたは話し上手ですか、それとも聴き上手ですか。

運の良い人は、あまりベラベラと話しません。運という観点からは、聴き上手の人に軍配が上がります。

「黙っていれば愚か者でもかしこく見える」旧約聖書のソロモンの言葉

「雄弁は銀、沈黙は金」トーマス・カーライル（イギリスの思想家・歴史家）

「自分の演説に後悔したことは数え切れないくらいだが、沈黙に後悔したことはない」

プブリリウス・シルス（古代ローマ時代の劇作家）

日本でも「言わぬが花」「見ざる聞かざる言わざる」という諺があります。

政治家が反対政党から過去の発言について突っ込まれている光景を見ると、それもうなずけます。

環境や立場は変化します。

現在は利害も一致して仲が良い相手に、「○○さんってちょっと苦手なの」と打ち明けた場合を想像してみてください。

今後○○さんが自分に大きな影響のあるポジションにつく可能性もあれば、仲間がいつ敵対するかもしれません。軽々しく言葉にすると、それが確定した事実となり、あとで覆せなくなるので注意が必要です。

それに、自分が口にしたことは、必ず相手に伝わると思って間違いありません。

また、

「ヤツみたいな人間とつき合うのは不愉快だ」

「こんな給与の安い会社で働いていられない」

このようなマイナスの発言は慎みましょう。

運の良い人は共通して、不必要なおしゃべりを控えています。

言葉には強い力があり、簡単に人を傷つけることもできます。あなたの口にした言葉が、自分の知らない場所でみんなの話題になっているかもしれません。あなた自身の人格を、そこで決められている可能性もあるのです。

いろいろと話したいことや語りたいこともあると思いますが、実際に口にする前に、この言葉を口にして良いのかどうかを考えることも大事でしょう。その気配りが、あなたを助けてくれます。

人間は、話さずにいて後悔するよりも、話しすぎて後悔することのほうが多いのです。

ただし、運の良い人の多くが、社交性が高いのも事実です。

たわいもないおしゃべりなら、いくら話しても大丈夫です。人が集まる場で明るい会話を楽しんだり、人を褒めたり、みんなを元気づけたりするような社交性は素晴らしいですし、良い運を呼ぶでしょう。

逆に、人のポリシーに意見を言ったり、人の好き嫌いを話題にしたり、人を批判するような発言は、相手に不快な思いをさせる上に、批判した相手と今後どのような関係になるかもわからないので、得策ではありません。

沈黙の利点として、自分の行動を正当化する義務から解放されることも挙げられます。人は一度宣言すると、それを立証する行動を強いられます。

例えば「この株は絶対上がる」と宣言したことにより損切りできないでいたり、「恋人の良さを吹聴した」ために、あとからダメな男性と気づいても、外聞が気になって別れられなくなることもあるようです。

自分の言葉に縛られずに、そのときどきで変更していく柔軟さも必要です。

また、コミュニケーションの達人は聴き上手です。自分ばかり話しすぎず、相手の言動に興味を持ち、聞いてあげることも大切です。あなたを含め、誰もが話したくて仕方がないのです。**余計なことを口にせず、聴いてくれる人を皆必要としています。**

明るい社交的な会話を楽しみながら、言わなくて良いことは口にしないという使い分けこそ、あなたを運の良い人に導いてくれるでしょう。

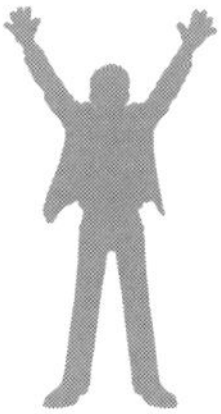

41 運が良くなる人は、聴き上手！

42 運が良くなる人は相手を主役にし、運が悪くなる人は自分が主役になる。

「人を褒めましょう」

このフレーズは、自己啓発本、コミュニケーションの本には必ず出てきます。

人を褒めると良いというのは、ほとんどの人が知っています。

そして、ほとんどの人が実践してみようと考えています。

でも、ほとんどの人ができていません。

なぜ、「人を褒める」ことが、そんなに難しいのでしょうか。

次の会話を見てください。

「昨日、夜の11時半にABC商事からクレームの電話があって、本当に参っちゃったよ。一生懸命話して、なんとか納得してもらったけれど……」と同僚が言ったとします。

同僚は、この会話の中で、二つのことを褒めて欲しいというシグナルを出しています。

一つ目は、遅くまで仕事をしていたこと。

二つ目は、ＡＢＣ商事との交渉をうまくまとめたこと。

この二つを認めて欲しいがための発言です。


ここであなたは、「○○さん、遅くまでお仕事大変でしたね。○○さんがいてくださって助かりました。ありがとうございます」と褒めてあげれば、かなり好感度が上がります。

ただし、これが結構、苦痛なのです。

なぜでしょうか。

それは**相手の行動を大変だと思うよりも先に、自分のほうがもっと大変だと、ついアピールしたくなるのが人間の本能だからです。**
そうです。人間は相手を褒める以上に、自分のことを褒めて欲しい生き物なのです。

それでは、本音で返答した場合、どのような会話になるでしょうか。

「そうでしたか。ＡＢＣ商事はよく夜遅くに電話してきますよね。先週、私なんか夜12

時に電話を取りましたよ」

これでは、相手を褒めるどころか、自分のほうがすごいとアピールしていることになってしまいますよね。

この会話でもう一つ、ＡＢＣ商事との交渉をまとめたことも褒めて欲しい出来事です。

「○○さん、あのわからず屋の大西部長をよくなだめましたね。さすがです」

これだけで良いのです。

でも、なかなかこのようには言えず、

「大西部長はおっかないですよね。私もなだめるのに、いつも苦労しています」

と自分のときの手柄をかぶせてしまうのです。

このように、人を褒める効果は抜群なのですが、褒めるときに自分を認めて欲しい本能を抑えなければならないから難しいのです。

私が営業本部長のとき、営業会議で言い訳する部下の発言を遮り怒鳴っていた時期は成績が良くなりませんでした。やり方を変え、部下の発言に「そうなんだ」「なるほど」と理解を示すと、言い訳が減っただけでなく、営業成績も良くなりました。

コミュニケーションの達人は、会話の主役が誰かを考えています。

会話の主役は誰かを考え、相手の言いたいことを把握して、それを返してあげれば的確に褒めることができます。

褒めるというのは、口先だけのお世辞ではなく、相手の一番認めて欲しいことを「ちゃんとわかっているよ」と、伝えてあげることなのです。だから喜んでもらえるのです。

あなたが自分を捨てて、先に相手を認めるという苦痛さえ乗り越えられれば、褒めることは簡単です。また、相手が喜んでくれる、満たされてくれるという達成感があなたの喜びになれば、苦痛もクリアできるでしょう。

「人を褒める」行為は、お金も時間もかけず、相手に喜んでもらえるので、コミュニケーション本でも必ず推奨されています。しかし、自分を自制する必要があるので、そんなに簡単ではありません。

運の良い人は、相手を主役にできる人です。

42 運が良くなる人は、人を喜ばせることができる！

43

運が良くなる人は口癖が「面白そう」、運が悪くなる人は口癖が「忙しい」。

「私たちは心の中で考えた通りの人間になります」

これは、『原因と結果の法則』（ジェームズ・アレン著　サンマーク出版）の冒頭に出てくる言葉です。

今の「あなた」は、1年前、5年前に考えていた「あなた」が現実化したものです。

これは少し突飛なように聞こえるかもしれませんが、事実です。

今お金のない人は、四六時中お金がない現実を語っています。会社で出世できない人は、出世できない現実を語り、嘆いているのです。

あなたが考えていることは、「言葉」に表れます。

言葉がイメージ化して脳に伝達され、脳は伝達された通りの人間になろうとします。

もちろん表面で考えている意識はお金持ちになりたいと思っているかもしれませんが、

無意識レベルではお金がない現実を引き寄せるのです。

会社での口癖が、「お金、コミュニケーション、出世」に大きく影響するのは間違いありません。

運の良くなる言葉は推測がつくでしょう。「ありがとう」「幸せ」「感謝」など。

運が悪くなる言葉もわかります。「恨み」「憎しみ」「嫉妬」などです。

意外と気づかない運気を落とす言葉に「忙しい」があります。

「忙しい」を多用している人で成功している人はいません。

「忙しくてできませんでした」

「やろうと思ったんですが、時間がなくて」

日頃「忙しい」を連発する人の心理は、自分をもっと評価して欲しいという欲求の表れです。自分をアピールする人は、敬遠され運気が落ちます。

成功している人は、普通の人の2倍も3倍もの時間を仕事や趣味に使っていますが、「面白い」とか「楽しい」ということはあっても、「忙しい」とは言いません。

「忙しい」という言葉を聞く周りの人は、良い気分はしません。自分が暇だと言われているような気がするからです。

逆に運気を上げる言葉は「面白そう」です。「面白そう」は好奇心の表れです。人間の本能に「好奇心」というものがあります。この**「好奇心」は運気を上げる重要なキーワードです。**

リスクがあっても、苦労を伴う事象でも、「好奇心」はリスクや苦労をものともしないエネルギーに変わります。

「好奇心」は知らないことを知りたいという本能です。知らないことを知るには、いつもと違う行動をとる必要があります。

私の知人で40歳の金融マンは、私から「好奇心は幸運を引き寄せる」という話を聞いて早速、上級者クラスの英会話学校に通いはじめました。

もともと英語は得意な彼でしたが、仕事ではほとんど使うことがないため、宝の持ち腐れでした。しかし、上級クラスに通うようになってからは、英会話教室だけでは物足りなくなり、英語での弁論教室にも参加し、世界中から集まる話の達人の姿に刺激され、より高いレベルの話術を身につけました。

ある日、昨年度の世界大会優勝者のトークを聴き、人生観が変わったそうです。今まで会社にしがみついていた自分が小さく見えてきて、サークルでの交友範囲を広げ、英会話も話す英語から聴かせる英語に変化していきました。

先般、その彼とランチをすると、サークルに参加する前と比べ、顔の表情が自信にみなぎっていました。会社の将来性のなさを愚痴っていた彼とは別人のようです。

3カ月後に英語の弁論大会にエントリーしたことや、英会話教室で知り合った仲間と共著で本を出す計画があることも話してくれました。

43 運が良くなる人は、ポジティブなフレーズを口にする！

「面白そうだ」「もっと知りたい」「興味がある」という小さな好奇心の芽を無視せず、行動に移してみるだけで運気が上がります。

好奇心は、幸運を引き寄せます。ワクワクする気持ちを思い切り開放してみてください。

44 運が良くなる人は「はい。わかりました」、運が悪くなる人は「でもね」。

あなたは、上司や他人から何かを頼まれたら「はい。わかりました」「ぜひやらせてくださいと」と言うほうですか。

私の周りの幸運の持ち主は例外なく「はい。わかりました」が口癖です。

以前、私は自分が担当するラジオ番組のゲストを、元ザ・リッツ・カールトンホテル日本支社支社長の高野登さんにお願いしました。

高野さんには、横山さんからの依頼の返答は「イエス！」「はい！」「喜んで！」しかありませんと言っていただきました。

この言葉に感激しました。日々多忙にもかかわらず、何の条件もなく「はい！」と答えていただいた高野さんの大ファンになりました。

会社で上司からの仕事の依頼に対して、「はい！」と即答できる人が運気を上げます。

上司からの依頼ですから「ＮＯ」と言うことはできませんが、いろいろ言い訳を言ったり、忙しさを強調する人は多いです。

人からの誘いにも「はい！」と答えるほうが運気が上がります。パーティーとか勉強会のあとの二次会の出席を平気で断る方がいますが、とてももったいないと思います。

このような会は、主催者側の講師や社長などと話せるチャンスです。打算を働かせる必要はありませんが、運は人との縁から育まれることを念頭に置いていれば、チャンスは逃さないはずです。

懇親会の席で意気投合して本の出版に至った人は、私も含めたくさんいます。

上司や他人に対して「でもね……」「しかし……」「いや、そうじゃなくて……」と否定から入る人は運気を落とします。

理由は二つあります。

一つ目は、相手の話に否定形から入ると否定された人は面白くないということです。

話の途中に「でもね」とか、「いや、それは」と言われる場面を想定してください。あまり良い気分はしませんよね。その相手を嫌いになることすらあります。

人の話を「そうだよね！」「うん。うん」と聞ける人が運気を上げる人で、人の話を否定する人は運気を下げます。


否定形から入る二つ目の弊害は、最初に「ＮＯ」と言うと、脳ができない言い訳を考えだすことです。

あなたが意識していなくても、脳は言葉で言ったことを実現させようと動きだします。「無理ですよ、そんなの」と言った瞬間から、大急ぎでできない理由を列挙するのです。

いくら意識の上でできる方法を考えようとしても、ダメです。

逆に最初に「はい」と肯定すると、無理難題でも脳はできる方法を模索します。

歴史に残るような大発見や大発明も、できると思った人がいたから実現しました。


運気を高めるためには、会話は肯定形から入ってください。

「はい！」と答えれば、相手も嬉しくなりコミュニケーションが円滑に運びます。そして、脳も実現しようと前向きに考えてくれます。

44 運が良くなる人は、肯定的な言葉を選ぶ！

幸運は前向きな人のところに集まります。

最初は無理だと思っても「ＹＥＳ」と答えてください。

そのあとどうしても無理なら、撤回すれば良いのですから。

安請け合いではなく、精一杯できる方法を考えたあとなら「ＮＯ」と言っても、あなたの価値は下がりません。むしろチャレンジングなところを評価してくれます。

幸運の持ち主は、「はい。喜んで！」が口癖です。

逆に「でもね……」は、運気を落とすＮＧワードだと心得てください。

45

運が良くなる人はお世辞を言い、運が悪くなる人は正直に話す。

あなたはお世辞がうまいほうですか、下手なほうですか。

歯の浮くようなお世辞を言うのは気が引けますよね。

でも、会社でお世辞も言わずに、言いたいことを自由に言って運気を落としている人がたくさんいます。本人は正しいことを正直に話しているつもりですが、正しさというのは、人によっても、場所によっても、時代によっても違うことを知ってください。

お世辞を言う人が運気の高い人です。

このように話すと「私はおべっかを使ってまで出世したくない」という方がいらっしゃいます。しかし、私たちは自分の欲しいものを手に入れるために、無意識に多くの「おべっか」を使っています。

商売人はお客様に「おべっか」を使っています。男性は好きな女性に「おべっか」を使います。子供ですら欲しいおもちゃを手に入れるためには、親に「おべっか」を使うことがあります。

しかし、一口に褒めると言っても何を褒めれば良いのか迷います。いい加減に褒めると「よいしょ」や「おべんちゃら」に聞こえ、相手にも周りからも評判を落とすこともあります。

褒めるコツは、相手に興味を持つことです。相手に興味を持って観察し、相手の「変化」を褒めてあげてください。

キーワードは「変化」です。

相手の「変化」を褒めると、自動的に相手に興味があると伝えることにもなります。

「今日の課長のネクタイ素敵ですね」
「今日の部長のプレゼン素晴らしかったです」
この「今日の」がポイントです。
「今日の」と言うくらいですから、過去の課長のネクタイや部長のプレゼンにも興味があったことを示しています。

単にネクタイやプレゼンを褒められるより、「今日の」をつけ加えることによって、一時的なお世辞ではなく、以前から自分のことを注目してくれていることがわかり、真実味が増します。

単に褒めるのではなく「変化」に注目してください。

「○○さん、最近、仕事頑張っていると聞いているよ。すごいね」

「△△さん、最近、レポートの内容良くなったね。素晴らしい」

このように変化を指摘されると「おべんちゃら」や「よいしょ」には聞こえません。

当然その前提には、常に相手に興味を持ち、観察することを忘れてはいけません。本心で思っていないことは、必ず相手に伝わるからです。

相手の「いつもと違う」という変化のアンテナを高くしてください。


運気を高めるには、人に興味を持つことです。

人に興味を持つと自然に質問したくなります。

人から質問されると嬉しいものです。

質問内容は、趣味や休日の過ごし方、好きな新聞や雑誌や本など、どんなことでも構いません。

名古屋に住む私の知人は、起業して保険代理店のビジネスを開始しました。当初はまったく契約が取れなかったのですが、質問する話法に切り替えてから大成功を収めました。

彼は見込先の会社の社長との面談で「私は社長のようになりたいのですが、どうすれば良いですか？」と質問したのです。

質問された社長は上機嫌で自分の武勇伝を話します。質問することで社長の自己重要感が上がりました。一通り話を聞いたあと、保険契約をしてくれただけでなく、知り合いの会社の社長まで紹介してくれました。

あなたも人に興味を持ち、変化を褒めてあげてください。そして、どんどん質問してあげてください。間違いなく運気は上がります。

45

運が良くなる人は、相手が話したいと思っていることを引き出す！

46

運が良くなる人は自己暗示をかけ、運が悪くなる人は謙遜する。

あなたが過去にうまくいった事例を思い出してください。その事例は最初からできると思っていましたか。あなたが過去の失敗した事例を思い出してください。はじめるときに失敗の予感はありましたか。

うまくいった事例は、最初からうまくいきそうな感じがしたのではないでしょうか。人間の脳はできると信じていると、失敗や挫折にもめげずに挑戦します。逆に信じていないと、少しの失敗で諦めてしまいます。

例えば、自転車に乗る練習を思い出してください。誰もが自転車に乗れているので、乗れるようになるまで諦めないで練習します。練習すれば自転車に乗れる、と信じているからできるのです。

自転車に乗るのは簡単だからと思いますか。

重力の関係からすると、自転車のバランスをとるのは難しいです。でも信じているので、脳はできて当たり前と判断し、できるまで諦めません。

運の良い人は、誰もが不可能だと思うことも、できると信じています。

本田宗一郎さんはホンダがまだ町工場のときに、「世界のホンダになる」と信じて宣言しています。実際ホンダは世界で通用する会社になりました。

医学の世界ではプラシーボ効果の話は有名です。

「プラシーボ」とは偽薬のことです。プラシーボ効果とは、薬でもないはずのものを飲んだのに、薬を飲んだときと同じように症状が回復することを言います。

薬だけでなく、本来は効果のないはずの治療を施すことによって、良い効果が現れることもあります。

人間の可能性は、私たちが考えている以上にすごいものです。どれだけハードルが高くてもできると信じることにより達成します。

それでは、できると信じるためにどのようにすれば良いのでしょうか。

それは、**言葉に出して何度も宣言する**ことです。

「嘘も100回言えば本当になる」という諺もありますが、何度も言葉にすれば、最初は「本当かな」と思っていたのが、いずれ「絶対に大丈夫」と確信に変わります。

運の良い人は、自分の願望を何度も宣言し、実現したイメージを描きます。


運の悪い人は、ネガティブな言葉を連発しています。

「どうせ私は◯◯だから」

「疲れたー」

「彼（彼女）なんてできっこないよ」

この言葉は本心でなくても、人間の脳は本心かどうかとか、現実か空想かの判断ができないままイメージとして蓄積します。そして、無意識領域でイメージ通りになる行動をとってしまいます。

当初は謙遜で言っていたネガティブな事象を、いつの間にか信じてしまい、不運な出来事を誘発します。

仮に自分の能力を超えた仕事やプロジェクトを頼まれたときには、「できません」と言ってはダメです。

「やります」と宣言してください。

「YES」「やります」などのポジティブ言葉は、幸運を引き寄せます。

運を引き寄せるには、最初に言葉で宣言し、自己暗示をかけてください。自己暗示により、できると信じるようになります。

「できない」と自己暗示をかけると、運は逃げていきますので気をつけてください。

46 運が良くなる人は、成功をイメージする！

47 運が良くなる人は「利」で人を動かし、運が悪くなる人は「論」で人を動かす。

運は人の縁から生まれます。あなたに協力してくれる人、応援してくれる人が多いほど成功に近づきます。

では、どのような人の元に、応援してくれる仲間が集まるのでしょう。

幕末の英雄、坂本竜馬は、憂国の志士たちが大論争をしているときに、その議論には加わりませんでした。

そこで居合わせた一人が、「なぜ、貴公は論に加わらんのか」と聞くと、竜馬は、「論では人は動かぬ」と答えました。

さらに、「では、何をもって、人は動く」と聞くと、「『利』で動く」とぽつりと答えました。

このエピソードが事実かどうかはわかりませんが、人間の行動原理の的を射ています。

私たちは、正しいことであれば誰もが協力して当然であり、正しい提案の実行を拒否することはありえないと考えます。でも、実際にはそうではありません。

なぜなら、「正しいこと」というのは、実はそれぞれの主観だからです。立場が違えば利害も違うため、正義を軸にしても人の心を動かすことは難しいでしょう。

人を自分の思うように動かせる方法は、四つあります。

①利益
②愛情
③同情
④恐怖

このいずれかで人は動きます。

理想は「愛」で人を動かすことかもしれません。親子、夫婦、友達間では、メリットがなくても動いてくれることもあります。ただし、意図して「愛」を得ることはできません。

「同情」で人が動くこともありますが、これは喜ばしいことではありません。

「恐怖」でも人は動きます。組織リーダー論でこの手法を説いているものもあります。この方法をとる場合には、信頼関係を築けていることが前提です。また恐怖の感覚は鈍化しやすく、その方法だけだと相手を動かせない場面もあります。

人を動かすときに、一番効果的なのは、やはり竜馬が言っている「利」を示すことです。自分の意見がいかに正しいかを説明して、人を動かそうとしても、理論だけで動きません。背景に別の利害（上司：部下の関係など）が働かない限り、理屈では動かないと考えておいたほうが良いでしょう。

私は採用面接を多くやってきましたが、残念ながら、私の会社の「利」を説明できる応募者は多くありません。

「なぜ、当社に応募しましたか」

この質問に対して、

「今の会社では、やるべきことをやり尽くし、ステップアップしたくて御社に応募しました」

「御社の自由に意見が言える社風と将来性に共鳴し、応募しました」

という答えが返ってくることがあります。

これらの答えは「論」としては正しいかもしれませんが、私の会社の「利」は示されていません。

中途面接で採用されるためには、自分を採用したらどのような「利」があるかを明確に示さないといけません。

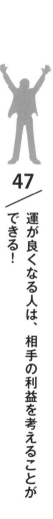

人間は自分の利益中心に物事を考えます。少し視点を変えて、相手の利益を考える癖をつければ運気が向上します。

物事はいつも「相手」という対象があって成り立っています。自分の主張を通すためには、相手の主張を想像して先に満たす方法を考えることが重要です。

相手の利を叶えるために、自分は何を提供できるのか。あなたの利を主張したときに、相手がその主張に対してどう答えるか。そこまで想定し、答えを用意しておくと万全でしょう。

47 運が良くなる人は、相手の利益を考えることができる！

48

運が良くなる人は背中で伝え、運が悪くなる人は言葉で伝える。

あなたは正義感が強いほうですか？

曲がったことが嫌いなタイプですか？

正義感が強く実直に生きることは、とても素晴らしいことです。ただし**正義を語ったり、他人に強要すると運は逃げていきます。**

なぜなら、正しいことをもっともらしく話されると、相手は自分の行動が正しくないと言われているように感じ、その人と距離をおこうとするからです。

正義は語るものではなく、陰に隠れてこっそりするものです。**正しいとあなたが思ったのであれば、自分が静かに実行すれば良いのです。**人に押しつけることなく、自分だけの世界で思っていてください。

人間関係で正義が出てくると、とたんにその関係は冷めます。それは夫婦や家族であっても同じです。

A子さんは私の講演を聴き、早速職場に戻って清掃運動をはじめました。しかし、誰も言うこと聞いてくれないと、私に相談にきました。

「私は横山さんの教えに従って、職場をきれいにしようと皆に声をかけ活動しているのに誰も協力してくれない。挙げ句、偽善者呼ばわりされるのが腑に落ちない」と不満を漏らしました。

A子さんのどこがいけなかったのでしょうか。

誰もが掃除をして、きれいな職場で働きたいと思っています。ただし、他人から強要されると相手は面白くありません。

例えば、友人から

「僕は恵まれない子供のためにボランティア活動しているんだ。先日もお金を寄付してきたよ。自分だけ幸せなら良いという生き方は良くないからね」

と聞かされたらどうですか。

相手は、寄付の自慢と、自分に対しても寄付を強要しているように聞こえます。このように、ボランティアや寄付は良いことですが、言われた相手は面白くないのです。

A子さんは、そのあと、誰にも言わずに自分一人で職場の掃除をはじめました。すると「時間はかかったけど、少しずつ協力者が現れ、手伝ってくれるようになった」と喜んで報告にきてくれました。

正論をかざすのは得策でないと話してきました。では、運気を逃さずに正しいことを実行するにはどうすれば良いのでしょう。

それには、口で伝えるのではなく、背中で見せるのが一番です。

人は説教や注意、ダメ出しなどを嫌います。言い方によっては自分を否定されたと感じ、余計に心を閉ざすからです。

ゴミが落ちていたら、拾いなさいと命令するのではなく、自分が率先して拾えば良いのです。その姿を見てマネする人も出てくるでしょう。

明るい職場にしたければ、まず自分から率先して、明るく挨拶をしてみてはいかがでしょう。

あなたが職場で「こうなったら良い職場になるのに」と思う理想像があれば、まず自分がそれを率先してやってください。自ら行動に移すことで、周りは必ず変わってきます。

また、**言葉でいくら素晴らしいことを言っても、行動が伴わないと説得力がありません。**

言葉が先に出ると、ハードルが上がります。口で宣言すると少しぐらい実行していても、周りは認めてくれません。口に出すことにより、できて当然、できなかったら非難されます。

言葉と行動が一致するのは理想ですが、最初は言葉より行動を先行させてください。

「言葉」ではなく、「行動」で示すことができれば、運気は自然に向上します。

48 運が良くなる人は、良い行いを黙々とする！

49 運が良くなる人は言葉と行動がぶれず、運が悪くなる人は自分に甘い。

あなたは、言っていることと、やっていることが同じですか。

口で言うのはたやすいですが、実行するのはかなりハードルが高いです。

幸運の持ち主は、言葉で言ったことを必ず実行しています。口先だけで良いことを言っても行動が伴わないと、人から信頼されません。

私のメンターでもある作家の本田健さんは、言っていることと、やっていることが同じ人です。

『ユダヤ人大富豪の教え』（大和書房）をはじめ、著作シリーズの累計は700万部を突破しています。出版不況の昨今、これだけの本を販売されるのですから、相当の強運の持ち主であることは間違いありません。

本田健さんは常日頃から「横山さんのメルマガいつも見ていますから」と言ってくれま

す。

健さんの元には毎日相当数のメルマガが届いているはずです。しかも超多忙なので、本当に見ていただいているのかと思っていました。疑っているというより、物理的に難しいのではないかと考えていたのです。

ある日、メルマガの近況報告で最近入院したことを書きました。すると配信の30分後にお見舞いのメールが届いたのです。

本田健さんは、本当に毎回メルマガを見てくれていたのです。しかも、すぐにお見舞いのメールもいただきました。私は驚きと感動の感情が同時に湧いてきました。すごく嬉しかったです。

某上場会社の部長が、常々部下に言っているセリフです。

「私は君たちに、常に取引先、お客様目線で考えることができる人間になって欲しい。どんなに小さな注文でも、誠意を持って対応しよう。決して自分たちの利益だけを考えるんじゃないよ！」

このようなビジョンを掲げているのですが現実は、
部長「○○君、今日、ＡＢＣ商事に行くので同行して欲しい」

部下「はい。ただ午後にＮ商事とＺ商事のアポイントが入っていまして……」

部長「Ｎ商事、Ｚ商事なんてたいして売上が上がらないんだから、キャンセルしてＡＢ
　　Ｃ商事に行くんだ」

部下「でも……。Ｎ商事の社長が大切な相談があると」

部長「どっちみち、たいした相談ではないよ。日を改めてもらえ」

部下「はぁ。わかりました……」

どうでしょう。この部長に人はついていきたいと思いますか。

企業は営利団体ですから、利益の大きい会社を優先することは仕方がありません。ここで問題なのは、日頃部下に言っていることと、実際の行動が違うことです。

部下との会話なんて覚えていない、そこまで気を遣ってられない、なんて思ってはいけません。

言葉の裏には考え方が潜んでいます。考え方と言葉が同じなら構いませんが、違うと部下は不信感を抱くはずです。

先ほどのケースでは、ＡＢＣ商事の訪問に部下の同行が必要な理由を伝えれば良いのです。小さな取引先を無視する言葉（「Ｎ商事、Ｚ商事なんてたいして売上が上がらないんだから」）だけを取り消せば問題ありません。

立派なビジョンを語るのは素晴らしいことですが、自分の本心と違ったら、逆効果になります。他人は言葉と行動が違う人を信用しません。**言葉と行動が違うと、人が離れていき運気は落ちます。**

某会社の社長が会社の経費削減を指示しました。出張時の飛行機もＬＣＣの格安チケットに切り替え、遠方の出張も日帰りで宿泊代を認めません。会社存亡の危機ならこれくらいは仕方がないと思います。ところが社長だけは、今まで通りグリーン車で移動し高級ホテルに宿泊していたのです。

当然のごとく幸運の女神は去っていき、会社は危機的状況に陥りました。

他人に求めるなら、自分も同じことをしないと運気は落ちていきます。

49 運が良くなる人は、言っていることと、やっていることが同じ！

50

運が良くなる人は顔の表情が陽気で、運が悪くなる人は顔の表情が陰気。

あなたは自分の顔に自信がありますか。

顔と言っても容姿のことではありません。運気を高めるためには、「顔」の表情が重要です。

リンカーンは「40歳を過ぎたら自分の顔に責任を持ちなさい」と言いました。40歳まで待たなくても、明日からでも意識すれば顔の表情は変えることができます。

多くの人は「日のあたる場所」を求めて生きています。これは経済的な意味においても、精神的な意味においてもそうです。

人間は一般的に言って、寒冷な場所より温暖な場所に集まりたがります。にもかかわらず、この世の中には、「寒気」な表情を浮かべている人が非常に多いのです。

朝の満員電車で周囲の人の顔を観察してください。朝から電車の中で愛想を振りまく必要はありませんが、人の顔を観察すると「寒気」な表情がよくわかります。

眉間にしわを寄せたり、口をへの字に結んで怒った表情や、しかめっ面をしている人がいます。

「好きな人や大切な人の前では、明るい表情をしていますよ!」と言いますが、大事なのは普段の顔の表情です。

先天的な人相よりも、後天的な顔の表情のほうが運気の上では重要です。

顔の表情で一番好感度の高いのは、「笑顔」です。

どんな怖い顔の人でも笑顔だけは別格です。笑顔は意識すれば作れます。日頃、あまり笑わない人は鏡に向かって笑顔の練習をしてください。**恥ずかしがらずに鏡に向かって声を出して笑う練習をするのです。**

私も毎朝5分笑顔を作る練習をしています。非常に効果があり、免疫が上がってきて、ますます幸運体質になっているのを感じます。

販売業をしていた私の友人は、お客様からいつ見られても良いように、いつでも、どんなときでも、一人でいるときでさえ、笑顔でいたそうです。すると話しかけられる率が上がり、売上も倍増したとのこと。

笑顔は人の心の垣根を越え、親しみを感じさせます。

また、いつでも口角を上げているようにするなど、常に自分の顔に責任を持ってください。なぜなら、気を緩めているときも、誰があなたを見ているかわからないからです。

顔の造作は変えられませんが、表情や皺、雰囲気など、生きざまは顔に表れます。今から顔の表情を意識してください。良い顔の表情は必ず幸運をもたらします。

運気の面で顔の表情と同じぐらい重要なのが「声」です。

声も運気を上げる重要なファクターです。

生まれつきの声の質はある程度決まっていますが、顔と同様に意識すれば、表情を変えることができます。

「声」は感情を表します。

常に他人の非をとがめる気分にある人の声は、とがり声になり、相手に陰うつな感じを与えるようになります。それがやがて習慣となり、運気を落とします。

運気を高める声にするには、自らの感情をつとめて明るく、希望的な気分にしておくことです。そうすれば、人々に希望と喜びを与えられます。

何度も言いますが、幸運は人が運んできてくれます。人との「縁」がそのまま自分の運気となります。

良い縁を引き寄せるためにも、顔の表情や声を日頃から意識してください。

顔や声はすぐに変わらないと思っているなら、それは間違いです。意識すれば、今からでもすぐに変えることができます。

今日から実践し、運気の高まりを実感してください。

50

運が良くなる人は、声を出して笑う！

参考文献

『運とつきあう　幸せとお金を呼び込む13の方法』マックス・ギュンター著　林康史監訳　九内麻希翻訳（日経ＢＰ社）
『ツキの科学』マックス・ギュンター著　夏目大訳（ＰＨＰ研究所）
『習慣の力』チャールズ・デュヒッグ著　渡会圭子訳（講談社）

無料で講演会の動画が見られます

めちゃめちゃ運が良くなる極秘！強運法則

このたびは本書をお買い上げいただき、ありがとうございます。

本書をお手に取っていただいた方に限り、特典といたしまして通常は有料で販売しております私の講演会動画を「無料」にてご覧いただけます。

私がダメ営業マンだった時代から、上場企業の役員を務めるまでに至った秘密。

数十年間にわたり研究を重ねた「運」と「人間関係」の法則を、余すところなく語らせていただきました。

・ほとんどの人が知らない宇宙法則における「運」の存在
・15年以上の研究によって導き出された、あなたの夢を実現するための3大基本原則(あなたは15年もかける必要はありません)

ぜひご覧ください。

横山信治

【ご注意事項】
・動画は、ウェブ上でお楽しみいただく動画です。(動画対応のパソコンやタブレット、スマートフォンなどでご覧いただけます)
・ご自宅にDVDをお送りするものではありません。
・なお、大変申し訳ございませんが、音楽再生プレイヤー、ソフトのご使用方法、パソコンなどの設定についてのご質問にはお答えしかねますので、なにとぞご了承ください。
・本プレゼントは予告なく終了する場合がございます。あらかじめご了承ください。

■著者略歴

横山　信治（よこやま・のぶはる）

小学生の頃、落語家の笑福亭松鶴に入門し、最年少プロ落語家としてテレビ、ラジオ、劇場に多数出演。芸名は笑福亭手遊（おもちゃ）、笑福亭鶴瓶氏の兄弟子。

1982年日本信販㈱（現三菱東京UFJニコス）入社。営業成績全国最下位のダメ営業マンから、全国NO1営業へ。

2001年2月ソフトバンクファイナンスに転職し、日本初のモーゲージバンク（証券化を資金調達手段とした住宅ローン貸出専門の金融機関）SBIモーゲージ㈱設立に参画。当初4人でスタートした会社を、従業員250名、店舗数191店舗の上場会社へ成長させる。

東証一部上場の金融グループにて、役員、社長を経て、2014年4月独立。株式会社オフィス・フォー・ユー代表取締役社長。

これまで2万人以上のビジネスパーソンと接し、3000人以上の採用面接に立ち会う中で、多くのリーダーと接し、また自らのリーダー経験をもとに、ビジネスパーソンが気付いていない、仕事のコツを伝えるため、講演、執筆活動を行う。

【主な著書】
『職場の理不尽に怒らず おだやかに働く技術』（秀和システム）
『めちゃめちゃ運がよくなる人づきあいの技術』（ぱる出版）
『入社1年目から使える「評価される」技術』（かんき出版）など

本書の内容に関するお問い合わせ
明日香出版社　編集部
☎(03)5395-7651

「運《うん》が良《よ》くなる人《ひと》」と「運《うん》が悪《わる》くなる人《ひと》」の習慣《しゅうかん》

2016年　12月　17日　初版発行
2017年　11月　25日　第9刷発行

著者　横《よこ》山《やま》信《のぶ》治《はる》
発行者　石野栄一

明日香出版社
〒112-0005 東京都文京区水道2-11-5
電話 (03) 5395-7650（代表）
(03) 5395-7654（FAX）
郵便振替 00150-6-183481
http://www.asuka-g.co.jp

■スタッフ■　編集　小林勝／久松圭祐／古川創一／藤田知子／田中裕也／生内志穂
営業　渡辺久夫／浜田充弘／奥本達哉／平戸基之／野口優／横尾一樹／関山美保子／藤本さやか　財務　早川朋子

印刷　株式会社文昇堂
製本　根本製本株式会社
ISBN 978-4-7569-1869-7 C2036

編集担当　久松圭祐

ISBN978-4-7569-1664-8

「儲かる社長」と「ダメ社長」の習慣

上野 光夫 著

本体価格 1500 円＋税　B6 並製　240 頁

儲けている社長とそうではない社長では、心構えはもちろん、経営計画、人事労務、経理、営業などの観点すら異なります。

元・日本政策金融公庫の担当者で中小企業 30,000 社の社長を見てきた著者が、多くの事例をもとに「儲かる社長」像を浮き彫りにしていきます。

ISBN978-4-7569-1780-5

お金が「貯まる人」と「なくなる人」の習慣

山崎 俊輔 著

本体価格 1500 円＋税　B6 並製　232 頁

お金が貯まる人と貯まらずになくなっていく人の違いを「考え方」や「行動」から見ます。

「お金が貯まる人」の習慣をまねしていけば 30 年後の老後に向けて、「ちゃんと今」貯めていけている実感をもちつつ、しっかり土台作りができるようになります。

ISBN978-4-7569-1753-9

「稼げる男」と「稼げない男」の習慣

松本 利明 著

本体価格 1500 円＋税　B6 並製　224 頁

外資系企業で人事コンサルをしてきた著者が、今まで多くの人を見てきた中でわかった、成功を収めている人、失敗してしまう人の特徴を、エピソードを交えて紹介します。

仕事のやり方や考え方からライフスタイルまで解説。